CONTEMPLAZIONE FILOSOFICA

Teoria e tecniche del contemplativo

Loyev Books

CONTEMPLAZIONE FILOSOFICA

Teoria e tecniche del contemplativo

RAN LAHAV

Prefazione e traduzione di Filippo D'Andrea

Loyev Books

ISBN-13: 978-1-947515-99-4

ISBN-10: 1-947515-99-3

Loyev Books

philopractice.org/web/loyev-books

1165 Hopkins Hill Road, Hardwick, Vermont 05843

USA

Indice

Loyev Books

PREFAZIONE

Filippo D'Andrea

L'idea di tradurre questo libro mi è venuta man mano che lo leggevo ed appena ho comunicato questa mia volontà a Ran Lahav, l'ha accolta con grande entusiasmo e fratellanza. Capitolo dopo capitolo, inviavo il testo in italiano e l'autore rispondeva con parole di entusiasmo e gratitudine: questo atteggiamento mi ha fatto capire che il suo profilo umano è degno della sua immagine di filosofo conosciuto a livello mondiale. Il lavoro di traduzione mi ha riempito dunque di soddisfazione perché ho avuto modo di conoscere Ran Lahav non solo come uno dei più grandi filosofi consulenti ma anche per essere un grande uomo.

Ran Lahav, mentre lavorava da filosofo e neuropsicologo nelle università americane e israeliane, incontra nel 1992 Shlomit Schuster che gli parla della pratica filosofica affascinandolo ed inizia a studiarla e praticarla.

Nel 1994 con Lou Marinoff promuove il primo congresso mondiale in Canada, nella città di Vancouver, ed il 1995, assieme a Maria Tillmans, cura il libro "Essays on Philosophy Counseling", che costituisce riferimento fondamentale e strumento di conoscenza della consulenza filosofica in America del Nord.

In pochi anni la sua figura viene accostata al fondatore delle pratiche filosofiche, il tedesco Gerd Achenbach, ma con un taglio diverso, avendo Lahav intuito che la grande maggioranza dei consulenti filosofici coglie come elemento principale l'orizzonte di comprensione dei consultanti, la loro "concezione del mondo, della vita, del sé, della moralità".[1] E ciò si evince dal senso che danno alle cose, alle scelte, ai comportamenti, a tutta la sfera della loro esistenza attraverso una "comprensione vissuta", secondo il concetto lahaviano.[2] Scrive infatti Lahav: "la comprensione vissuta è qualcosa di cui la persona non è necessariamente conscia. Ma non è nemmeno qualcosa di inconscio, perché non è una struttura psicologica che risiede nella mente della persona. E' piuttosto il significato, la conseguenza o la logica dell'atteggiamento della persona verso la vita".[3]

Egli definisce la filosofia "una ricerca senza fine, uno sforzo di apertura creativa a nuovi orizzonti"[4] e su questa linea il filosofo consulente accompagna i suoi consultanti "a scoprire diversi significati che sono espressi nel loro modo di vivere e ad esaminare criticamente quegli aspetti

---

1. Ran lahav, *Un quadro concettuale per la consulenza filosofica*, in Idem, *Comprendere la vita*, Apogeo Ed., Milano 2004, p. 12.
2. Ran Lahav, *Philosophical Counseling and Taosms. Wisdom and lived philosophical understanding*, in *Journal for chinese philosophy*, 23(1996). 266.
3. Ran Lahav, *Che cosa c'è di filosofico nella consulenza filosofica?*, in Idem, *Comprendere la vita*, p. 137.
4. *Ibidem*, p. 142.

problematici",[5] in un percorso significante che mira ad avvicinarsi al terreno profondo dell'esistenza, giacimento del senso più alto e sorgente della vita buona, luminosa di verità e spendente di bellezza. Questo è il territorio fonte della saggezza, ovvero di una filosofia che lavora sull'uomo in un itinerario di discernimento della personale visione della vita, in un camminare più profondo ed elevato, più ampio ed analitico. In tale paesaggio la pratica filosofica coltiva un'ermeneutica del mondo che si rinnova permanentemente: un cammino che si affaccia oltre il proprio regno interiore per cercare domini lontani, di frontiera. Qui Lahav matura il convincimento della filosofia come viaggio oltre la persona[6] e per questo concetto offre al consultante materiale di lettura e meditazione per un approccio personale in momenti fuori dalla seduta dialogica.

Un altro aspetto da tenere presente secondo Lahav è che lo stile personale della propria esistenza esprime la visione della vita non pensata e quindi inconscia: la pratica filosofica consente di rendersene conto esaminando l'agire, i progetti, le emozioni, gli aneliti ecc. In una battuta: il proprio modo di vivere rivela la propria visione della vita. Il filosofo della consulenza è il filosofo della coscientizzazione, il filosofo dell'autochiarimento, giacché si orienta alla comprensione delle dinamiche di

---

5. *Ibidem*, p. 18.
6. Ran Lahav, *Philosophical Counseling as a Quest for Wisdom?,* in *Practical Philosophy*, 4, 1(2001), 6-18.

senso dentro il pensare dell'uomo che vive la sua esistenza e ne determina il corso o ne subisce gli effetti, spesso senza sufficiente consapevolezza. Il filosofo del discernimento esistenziale dipinge l'affresco di tutte le coordinate dell'esistere, nell'intento di accompagnare il consultante ad esaminarsi, ad approfondirsi, ad individuare e distinguere, a confrontarsi e riorganizzarsi la vita e, in questo laboratorio interiore, a rimisurare i dilemmi perché collocati in un nuovo paesaggio intimo che offre un diverso metro ed una differente bilancia. In questo scenario si apre la vita al respiro della saggezza che solo la filosofia dalla e della vita può regalare.

Il filosofo "terapeuta" (uso il termine nella sua accezione più basilare ed ippocratica ovvero l'uso della parola, nel nostro caso carica di senso, come strumento di cura e più ampia nel significato di percorso finalizzato ad alleviare, ridurre, estinguere una situazione di disagio)[7] si affianca al consultante mentre percorre il viaggio delle idee che pavimentano e determinano la sua esistenza. Ran Lahav si rapporta in modo illuminante anche con psicologi e psicoterapeuti cercando di segnare i confini tra i campi, consapevole che questi interagiscono

---

7. Illuminante è l'espressione di Herbert Marcuse, presente nel suo famosissimo libro *L'uomo a una dimensione*, Einaudi, Torino 1999: "Se la filosofia diventassi terapeutica, entrerebbe effettivamente nel proprio dominio". Ma Peter B. Raabe nel suo noto volume *Teoria e pratica della consulenza filosofica. Idee fondamentali, metodi e casi di studio*, Apogeo, Milano 2006, affronta i diversi pareri sulla filosofia come terapia, in particolare nelle pp. 34-41.

inevitabilmente ma si arricchiscono anche reciprocamente. I confini sono intesi nella collaborazione e non in antinomia. Naturalmente succede che quando gli psicoterapeuti entrano nel campo filosofico tendono spontaneamente a psicologizzarlo, per cui svuotano della loro stessa natura i contenuti esistenziali, morali, etici, spirituali, religiosi, filosofici appunto. Il settore psicologico più vicino alla pratica filosofica è la psicoterapia esistenzialista che è indubbiamente ispirata alla filosofia, pur discostandosene e sostituendola nei contenuti. Dai primi anni '80 la filosofia ha preso possesso di questo campo con la consulenza filosofica, con una borsa degli attrezzi d'indagini e d'illuminazione enormemente superiore alla scienza psicologica, giacché vi è un patrimonio nella storia del pensiero che risale a tremila anni fa.

Il filosofo terapeuta è quindi la figura più indicata per aiutare ad affrontare i problemi di vita partendo dagli scenari dei convincimenti, degli atteggiamenti mentali, delle scelte interiori, della conduzione della ferialità, delle aspirazioni, degli aneliti, dei nodi razionali, dei sentimenti, dell'intelligenza emozionale e degli stili comportamentali.

Ran Lahav mette dunque in campo, in maniera nevralgica, il concetto di visione del mondo tratteggiato dalla rilevazione dei significati giacenti nella quotidianità e costantemente posti nel dialogo di consulenza filosofica.

Le chiavi esegetiche per comprendere la visione del mondo del consultante, secondo il filosofo israelo-americano, sono quanto le dita di una mano e naturalmente, esponendole qui di seguito, non manca da parte mia una certa plasmazione personalizzata.

1. *Sapiente equilibrio tra cognizione ed emozione*

La prima è la consapevolezza che non bisogna porre le emozioni (sentimenti, affetti, sensazioni, ecc.) in contrasto con le cognizioni (pensieri, concetti, convinzioni, ecc.), e neanche assolutizzarle come scelta oggettuale d'attenzione o di preferenza, sia perché la persona si compone indiscutibilmente da ambedue le dimensioni, sia perché la focalizzazione del profilo razionale o di quello emozionale dipende anche dai singoli casi.

2. *Feconda dialettica tra problema e persona*

La seconda chiave ermeneutica è non porre in antinomia l'azione di consulenza filosofica orientata solo al nodo problematico o solo alla persona, mentre è saggio porre i due fini in feconda dialettica: approccio totale ed approccio particolare. Lo sguardo olistico include la specificità del dilemma e lo può risolvere contestualizzandolo nella visione globale del mondo del consultante, che si comprende meglio attraverso la lente offerta dalla questione particolare.

3. *Realistica saggezza tra autonomia e orientamento*

Lahav focalizza un terzo binomio: le interpretazioni del mondo debbono essere espresse autonomamente dal consultante o imposte dalla competenza del consulente? Si suggerisce una posizione non estremistica in un senso o nell'altro, rispettando l'indipendenza del consultante si concepisce il compito del consulente nel sollecitare interrogativi e aprire possibili alternative di percorso ermeneutico. Si suggerisce quindi un saggio realismo tra autonomia personale e supporto indispensabile della conoscenza e competenza filosofica, unita ad esperienza ed abilità professionali.

4. *Necessaria armonia tra narrazione descrittiva e discernimento critico*

Un quarto approccio per disegnare la visione del mondo del consultante è il binario interpretativo della descrizione e del discernimento critico. Il primo indaga per individuare l'apparato interno nelle sue articolazioni e portarlo alla luce allo scopo di renderlo comprensibile, presente e consapevole. Il secondo offre un percorso di analisi e di approfondimento critico necessario. Si tratta qui di praticare una certa gradualità e prudenza, giacché sia la narrazione descrittiva che il discernimento critico hanno singolarmente un ruolo decisivo, ma la luce globale proviene dal considerarli complementari nel superamento del concetto di intoccabilità delle maglie della rete-visione del mondo o del suo smantellamento totale mediante un'azione critica poco ponderante, perfino aggressiva. Lahav si posiziona in modo saggio e rispettoso, facendosi guidare dallo spirito sapienziale e dall'intelligenza esperienziale.

5. *In cammino tra conclusività e apertura permanente*

L'approccio chiuso intende porsi un punto d'arrivo definito che è la soluzione del problema e terminare, quindi, la consulenza.

L'approccio aperto si giustifica sul concetto di processo d'interpretazione e reinterpretazione continuo della vita, del mondo, di se stesso, andando ben oltre la soluzione del singolo problema portato dal consultante.

Dunque, la risposta corretta al dilemma è mantenere tutto il dialogo aperto sul cammino permanente dell'esistenza umana.

Queste cinque antinomie, secondo Lahav, hanno come sottofondo unificante e chiarificante l'ermeneutica personale della visione del mondo, la quale viene illuminata dalla consulenza filosofica che si qualifica come filosofia della crescita e della cura: crescita integrale della persona e cura della sua ferita e di eventuali altre mai rimarginate.

L'oltre se stessi come fonte di maturazione e di soluzione

Un altro tema che sta a cuore a Ran Lahav è il traguardo dell'andare oltre il qui ed ora, convocando profondità ed altezza, spiritualità e pienezza, edificazione e sapienza, come scale per salire sugli infiniti paesaggi di bellezza e di significati che costituiscono la vita ed il mondo. Si tratta di andare oltre la propria figura per inoltrarsi nel territorio delle idee e della saggezza universale, in "un viaggio al di là della persona".[8] Qui risiede una differenza radicale tra terapia psicologica che indaga sulle dinamiche mentali della realtà dell'uomo e terapia filosofica che cerca di uscire dalla sua vita per incontrare altra Vita. E Lahav porta ad esempio quando si viene colpiti da eventi, situazioni, persone resesi capaci di scuotere, e, trasportando la persona oltre la sua situazione e se stessa, orientandosi verso la soluzione del proprio dilemma o perfino della sua esistenza; e su quest'onda arrivare ad un'ulteriore pienezza di sé, necessario incontro in territori ulteriori, uscendo dai propri orizzonti.

Scrive il filosofo israelo-statunitense: "Il ruolo della filosofia nella consulenza filosofica è aprire il consultante agli orizzonti onnicomprensivi di significato che costituiscono la nostra realtà, cioè a dire alla saggezza":[9] un po' come la metafora della caverna d Platone che

---

8. Ran Lahav, *La consulenza filosofica come ricerca della saggezza*, in Idem, *Comprendere la vita*, p. 63.
9. *Ibidem*, p. 64.

indica la luce esterna come fine e fonte di liberazione e di salvezza, ovvero di pienezza d'esistenza. "La ricerca della saggezza, – afferma Lahav – per sua essenza, non si svolge all'interno dei confini di una sola immagine della realtà ma è piuttosto un dialogo con la rete infinita di idee e di prospettive che sono intrecciate nel regno dei modi potenziali di essere".[10] Per una più autentica autocomprensione di sé, per paradosso, si può cercare anche fuori da sé, anzi è chiave di volta radicale. La lettura dei testi antichi e moderni consente di arricchire la propria vita in saggezza, senso e luce. Il filosofo terapeuta fa affacciare il consultante oltre i confini di sé, ciò che non è nell'epistemologia della psicoterapia. "L'autoindagine è un processo in cui la persona va oltre le proprie preoccupazioni egocentriche e i propri interessi particolari per aprirsi agli orizzonti infiniti di potenziale comprensione delle basi del nostro essere. Essa è un dialogo con la rete infinita delle idee che sono intrecciate nella vita e ci fanno scoprire le fibre della realtà alla base della vita stessa".[11]

I passi della consulenza filosofica

Ran Lahav individua cinque gradi della Consulenza Filosofica naturalmente non indicandoli come scala rigida ma basandoli sul principio di realismo che emerge dalle

---

10. *Ibidem.*
11. *Ibidem*, p. 67.

persone e dai problemi, precisamente nello sforzo di "intrecciare profondamente il pensiero astratto con l'effettiva esperienza quotidiana".[12]

1. *Ascolto della narrazione biografica*

Ogni serio percorso di counseling, di terapia, di cura[13], (intendendo queste categorie nella pluralità complementare in un certo senso achenbachiana ma di un unico orizzonte epistemologico vicino al convincimento lahaviano) parte dalla parola del consultante che si racconta in modo spontaneo e comunica se stesso, il suo mondo, il suo dilemma, i suoi problemi. Il filosofo consulente lo ascolta per raccogliere le prime informazioni, ed in questo solco stabilisce un primo rapporto di fiducia e di simpatia. Nel corso della seduta propone interrogativi con la dovuta delicatezza per aiutare il consultante a comprendere meglio e più approfonditamente. Mentre si raccolgono gli elementi biografici si organizza un primo quadro di conoscenza, magari focalizzando il problema che si chiede di affrontare. Naturalmente, negli incontri successivi la struttura informativa sul consultante si arricchisce e si

---

12. Ran Lahav, *Introduzione*, in Autori Vari, *Filosofia praticata. Su consulenza filosofica e dintorni*, Di Girolamo Editore, Trapani 2008, p. 8.
13. La filosofia come cura viene trattata in maniera interessante da Shlomit C. Schuster, *La pratica filosofica. Una alternativa al counseling psicologico e alla psicoterapia*, Apogeo, Feltrinelli, Milano 2006, in particolare nel capitolo dal titolo: *Cura filosofica*, pp. 85-138.

affina. Quindi, la prima fase è di descrizione ed organizzazione.

2. *Configurazione della questione filosofica*

Nel secondo momento si affronta l'itinerario di comprensione delle motivazioni del dilemma, magari integrando e spiegando, e cercando di tracciare le connessioni coi valori e i principi di riferimento personale del consultante che sono i segnali d'orientamento della propria esistenza. Si avvia un percorso di ri-comprensione, ri-elaborazione e ri-costruzione della propria visione del mondo, mentre si focalizza il problema presentato. Naturalmente, s'inizia ad intuire lo stacco tra l'apparato teorico di riferimento e quello realmente seguito e vissuto, anche distinguendo la dimensione della razionalità e quella dell'emozionalità, incominciando a tracciare la visione del mondo attraverso una riflessione analitica e facendo emergere la "filosofia di vita" del consultante. Il dialogo, quindi, si alza di livello sul pensare esistenziale ed il filosofo terapeuta immette spunti e spinte per proseguire nel cammino sul piano dei significati, rispettando ritmi e affiancando il consultante sulle sue indecisioni e resistenze. " In questo itinerario di scoperta della visione del mondo e di sé, il filosofo si qualifica "compagno di viaggio" o, come dice Achenbach, "istruttore di navigazione", perché il percorso lo traccia il navigante e non l'istruttore che lo affianca.

3. *Elaborazione filosofica del dilemma*

Nel terzo momento si procede all'approfondimento filosofico del problema che viene facilitato se il filosofo consulente inserisce un andamento dinamico al dialogo e nella massima prossimità, cioè portandosi il più vicino possibile al livello del consultante.

4. *Analisi del tema filosofico presentato dal consultante*

Nel quarto momento si torna alla concretezza della questione posta dal consultante e s'incomincia a guardare, attraverso l'elaborazione filosofica svolta, la vita globalmente intesa per esaminarla, rielaborarla, discernerla, arricchirla. Emerge così, con consapevolezza, la sua filosofia di vita, rivista perché pensata.

5. *Costruzione di una personale risposta al tutto*

Questa quinta fase inizia nelle sedute conclusive della consulenza filosofica e può prosegue per sempre, nel senso che dalla presa di coscienza di una propria filosofia di vita, si vive con maggiore consapevolezza giacché si pensa la propria esistenza facendo costante discernimento. E questo si auspica diventi dimensione permanente. La consulenza filosofica volge al termine ed il consultante riprende la sua vita ordinaria con maggiore chiarezza interiore.

Si arriva alla conclusione dell'itinerario del dialogo filosofico per dilemma risolto anzi dissolto, giacché al

consultante sono aperte nuove vie, o perché continuare
con una presenza filosofica forte lo sfiancherebbe oppure
perché si sente capace di proseguire con questo acquisito
patrimonio di saggezza.

Conclusione

La filosofia della cura è un dialogo ampio, profondo e alto
sui territori dell'intelligenza emotiva, fatta di aneliti,
atteggiamenti e scelte, attese e comportamenti, sui monti
della saggezza spirituale costruita sulla fede e sul senso di
trascendenza, sui crinali della coscienza morale e di
concreti e nuovi stili di vita. Si assume dunque "la filosofia
come maniera di vita".

Il filosofo terapeuta si muove nella dimensione del
pensiero puro offrendo un dialogo di senso e di saggezza
lontano dalla psicologizzazione dell'esistenza come scavo
del passato o ricerca di cause inconsce. Egli cerca, invece,
di accompagnare il consultante nella ricerca della sua rete
di significati, per dare vita alla ri-significazione
dell'esistenza attraverso un approccio olistico ed
arricchendo la sua personale visione globale del mondo.

In ultima analisi, infatti, Ran Lahav afferma:
"L'obiettivo della consulenza filosofica è quindi aiutare i
consultati a esporre e a chiarificare la rete di concetti e di
idee che soggiace agli aspetti rilevanti delle loro vite:
analizzare i concetti base che caratterizzano i loro diversi
atteggiamenti, scoprire ed esaminare i presupposti celati

nei loro modi di vivere, esplorare le interconnessioni concettuali o in breve analizzare la filosofia di vita che la persona sta vivendo".

Sentimenti di gratitudine per il confronto continuo e generoso sulla traduzione vanno alla dottoressa Donatella Villella.

Filippo D'Andrea

PREMESSA

Il mio primo incontro con la pratica del testo contemplativo avvenne più di due decenni fa, in un monastero trappista.

Mi ritirai in un luogo per pochi giorni, immerso in una pace indescrivibile e fui immediatamente catturato dalla quiete assoluta e dall'atteggiamento solenne dei monaci.

Negli anni seguenti mi permisero di rimanere nel monastero per lunghi periodi di tempo condividendone la pace quotidiana, senza mai tentare di convertirmi alla loro religione. Sono grato per avermi aperto il loro cuore e regalato un'esperienza che mi ha cambiato la vita. Per molti anni ho trascorso settimane o mesi nel monastero respirando una totale calma traboccante di meditazione che mi ha toccato profondamente e mi ha particolarmente ispirato. Ho imparato cosa significa vivere una vita contemplativa e nutrirmi di silenzio interiore.

Ho imparato a leggere in modo contemplativo, aprendomi dentro uno spazio di ascolto inusuale e lasciando che il testo parli in me, accendendo intuizioni profonde.

Per primo mi sono approcciato ai libri dei monaci, ma dopo un po' ho iniziato a non sentirmi a mio agio con i test religiosi. Se non credo nella dottrina che proclamano, come avrei potuto immergermi totalmente, con il cuore, in essi?

Ho iniziato a leggere altri volumi ed ho subito sentito una maggiore efficacia interiore. Ho realizzato che un testo, per essere in grado di lavorare dentro, deve parlare di realtà fondamentali, non di dogmatismi.

Questa maturazione mi ha guidato verso l'applicazione del metodo di lettura dei libri filosofici, e presto li ho trovati rispondenti a ciò che cercavo. La filosofia, dopo tutto, esplora le dimensioni fondamentali dell'esistenza, e lo fa senza verità assolute.

A quei tempi ero un giovane professore universitario di filosofia, quindi ero già abituato a leggere filosofia.

La scoperta che i testi filosofici avrebbero potuto servire come materiale per la contemplazione era un punto di svolta per me. Quindi, per oltre venticinque anni, ho contemplato quasi quotidianamente usando un testo, scelto, spesso, dal pensiero occidentale, sebbene qualche volta anche dalle tradizioni religiose asiatiche o occidentali. Ho trovato questo una profonda sorgente di ispirazione, intuizione e pienezza. Negli anni ho anche consigliato ed insegnato questa pratica a gruppi e singoli.

Il presente libretto è basato sul mio personale viaggio nel regno del testo contemplativo filosofico e spirituale. Esso offre alcuni concetti base e linee-guida per coloro che sentono il desiderio di imbarcarsi in una simile avventura.

In un certo senso, però, la contemplazione non ha linee-guida, visto che è molto più che una tecnica: si è originata nella profondità interiore, è animata dall'anelito del cuore, ed ha il proprio ritmo e la propria vita. Tuttavia, le poche linee-guida possono aiutare se si concepiscono come punto d'inizio, non come regole rigide da seguire alla lettera.

Ran Lahav

Capitolo 1

PERCHÉ LA CONTEMPLAZIONE FILOSOFICA?

Noi pratichiamo la contemplazione filosofica perché abbiamo l'intenzione di connetterci con la sorgente della saggezza e capire che è più grande e più profonda dei nostri modelli usuali di pensare. La filosofia è tra le dimensione fondamentali della realtà, e la contemplazione filosofica può aiutarci a superare i nostri ordinari confini.

La filosofia non può fornirci soluzioni ai problemi esistenziali o teorie ultime sulla vita, o linee-guida per la felicità o il successo. Il suo potere non sta nella capacità di fornire risposte, ma nel costruire un processo di ricerca più pieno e più ricco. Attraverso la contemplazione filosofica tendiamo verso orizzonti più grandi.

Per poter realizzare ciò, dobbiamo maturare un atteggiamento interiore aperto ed attento, non staccato dal pensare teorico. E' facile filosofare in astratto senza lasciare che la filosofia ci tocchi o ci ispiri, questo è il motivo: nella contemplazione noi filosofiamo non primariamente nei nostri pensieri astratti (sebbene questo, pure, è prezioso), ma nella profondità interiore. In altre parole, non dobbiamo discutere idee filosofiche ma contemplarle, che significa aprirci alla loro potenza di agire in noi risvegliando le dimensioni inattive della capacità di comprendere.

Quando la contemplazione riesce, il risultato è un'esperienza potente: la consapevolezza di essere toccato da un realtà più grande, l'euforia di prendere parte ad orizzonti di vita più ampli, e quindi si è pervasi da un senso di grande concretezza. La contemplazione filosofica è parte di una storia d'amore ed emerge da un anelito che, come spiega Platone, cerca la realtà più alta. Noi pratichiamo la contemplazione filosofica perché, per usare questa terminologia, siamo animati da Eros: dal desiderio di collegarci alla verità ed alla realtà. Contempliamo perché siamo innamorati.

Qualcuno può dire che si tratta di una sollecitazione "spirituale" o una ricerca "spirituale": non sollevo obiezione a questo termine, fintanto che ricordiamo che questa ricerca non ha guru o autorità religiose o sacre scritture, nessuna dottrina o santi o angeli, neanche divine rivelazioni o miracoli. E' una ricerca sempre aperta e libera da dogmi, perennemente in cammino verso ulteriori indagini sulla comprensione umana.

L'uso dei testi filosofici

Se vogliamo contemplare su problemi fondamentali, non possiamo iniziare da niente, come se nulla fosse stato detto prima di noi sull'argomento. Dobbiamo ricordare le voci filosofiche del passato. Gli scritti dei filosofi importanti nel corso di tutta la storia rappresentano tentativi umani per orientare i temi fondamentali dell'esistenza, che è lo scopo della filosofia stessa. Essi, come noi, sono parte di umanità, ed il nostro filosofare è frammento del mai esaurito incontro con i temi di fondo della vita.

Un'idea filosofica profonda – di Platone o Spinoza, Schopenhauer, Bergson – non è un'opinione privata di chiunque. Un pensatore non è un atomo indipendente, ma parte della realtà umana. I suoi pensieri provengono in parte da una ricerca persona, in parte dall'atteggiamento culturale verso la vita, e per una cospicua parte all'esistenza umana in generale. In questo senso, i pensatori non scrivono solo da se stessi ma dall'umanità.

Per questo motivo, nella contemplazione filosofica noi meditiamo sulle opere dei filosofi del passato (e del presente). Infatti, quando li contempliamo, prendiamo parte al più grande coro umano: ciò non significa che siamo d'accordo con queste voci filosofiche o decidiamo quale è "corretta" e quale non "corretta". Significa, piuttosto, che "risoniamo" con loro come un cantante con altri cantanti nello stesso coro.

Come filosofi contemplativi ci riferiamo ai testi filosofici storici in modo diverso dai semplici filosofi accademici. Per molte università, le idee storiche sono teorie astratte, costruzioni della Storia, prodotti filosofici superati. Al contrario, per noi contemplativi, le voci dei filosofi del passato non appartengono solo al tempo lontano, ma sono parte di un discorso che è tuttora vivente, come un incontro in atto, vivo dell'umanità con la realtà. Le voci del passato continuano a riecheggiare nel presente, e se vogliamo prendere parte alla filosofia, dobbiamo aderire ad esse e risuonare con esse.

Quando io contemplo le idee filosofiche o i testi – non quando li ripeto come uno studente universitario ubbidiente, o li analizzo come uno storico; e neanche quando li condivido o meno, ma quando interiormente e creativamente risuono con essi dal profondo del mio essere - sto affrontando la realtà. Precisamente, questa è la realtà in cui conversa ogni filosofo profondo: il divenire umano in generale, sebbene di solito con meno consapevolezza e profondità. Quando risuono dal profondo del mio essere con le voci filosofiche dei grandi pensatori, la filosofia diviene un incontro genuino con il grande oceano di cui sono una piccola onda.

Autotrasformazione

La contemplazione filosofica trasforma perché aiuta a cambiare il nostro stato mentale, sviluppa una consapevolezza più piena delle dimensioni nascoste giacenti in noi e nel nostro rapporto con la realtà.

Il sé familiare è soltanto la superficie del divenire, solo una parte limitata delle nostre potenzialità. Siamo di più di quello che sembriamo. L'autotrasformazione filosofica ci aiuta a realizzare queste potenzialità.

La convinzione che la vita di tutti i giorni tende ad essere superficiale e limitata, e questa filosofia può aiutarla a trasformarla verso la pienezza e la profondità, è stata presente in tutta la storia della filosofia.

Molti importanti filosofi hanno scritto sul potere della filosofia che aiuta sulla via dell'autotrasformazione. Concordando con Platone, per esempio, la filosofia può indicarci la strada per uscire dalla caverna, in cui siamo stati incatenati, ed orientarci verso una realtà più elevata. I filosofi stoici come Marco Aurelio svilupparono esercizi filosofici contemplativi per superare legami filosofici e collegarci al nostro sé (o "demone"), ed essere in armonia con il Logos del cosmo.

Spinoza sostiene che la filosofia può guidarci verso una realtà incomprensibile che è uno stato di beatitudine che chiama "l'amore intellettuale di Dio". La filosofia dell'educazione di Roussseau esplora vie per proteggerci dalle forze sociali alienanti e ci aiuta a coltivare il nostro Sé di natura. La filosofia di Nietzsche incoraggia i suoi lettori a superare il loro piccolo sé – meschino, spaventato, bestiale - e vivere una vita nobile ed appassionata che chiama superuomo. La filosofia di Emerson ci invita ad aprire noi stessi all'anima cosmica, una fonte metafisica di creatività ed ispirazione che opera dentro noi. La filosofia di Bergson ci insegna a cogliere la qualità olistica e poetica della vita; e l'elenco potrebbe continuare ancora.

Nonostante le differenze tra i filosofi citati, hanno evidentemente tutti una visione simile: la filosofia può mostrarci la via per cambiare lo stato della mente e risvegliare dimensioni più profonde nel divenire. Questa antica concezione è nel cuore della contemplazione filosofica. Quando noi ci impegniamo in una contemplazione filosofica, ci confermiamo nella convinzione che le idee filosofiche hanno un potere determinante nell'opera di cambiamento di noi stessi. In definitiva, per il filosofo contemplativo le idee filosofiche sono una risorsa preziosa di crescita ed autotrasformazione.

Capitolo 2

COS'È LA CONTEMPLAZIONE FILOSOFICA?

La contemplazione filosofica è una pratica di riflessione che si origina nella nostra profondità interiore, sui temi fondamentali dell'esistenza.

Il nostro pensare non è filtrato dalle nostre opinioni ed ideologie o riflessioni automatiche, ma da un aspetto del nostro essere che risiede nel più profondo di noi, rispetto agli ordinari modelli del pensare.

Questa profonda interiorità, quando risvegliata, è una sorgente d'intuizioni, ispirazione e pienezza, ma può restare inattiva per tutta la vita. La contemplazione serve a risvegliarla, metterla a fuoco, e coltivarla.

La contemplazione filosofica ha una storia lunga in occidente; fu praticata dai filosofi dell'antica Grecia e del mondo romano, particolarmente dagli stoici che svilupparono una varietà di esercizi spirituali per coltivare il vero sé in loro stessi.[14] Nei periodi storici successivi, la contemplazione venne assunta dalla religione, come si può vedere negli

---

14. Pierre Hadot, *La cittadella interiore*, Vita e Pensiero, Milano 1996.

scritti cristiani, ebraici ed islamici del medioevo. Così divenne principalmente una religione attiva, colorata da immagini e dottrine; fu spesso, per esempio, praticata con le sacre scritture, e interpretata come comunicazione di angeli, santi, o perfino direttamente di Dio. E' probabile che qualche isolato filosofo continui a praticare forme di contemplazione non-religiosa, che finisce per essere parte di filosofie affermate.

La pratica della contemplazione filosofica è stata inserita in anni recenti nell'area della pratica filosofica, un campo proiettato a costruire una filosofia significativa per la vita quotidiana della gente comune. Questa pratica, nel contempo antica e nuova, è intesa primariamente attività di gruppo – "la compagnia filosofica" come ho soprannominato mentre sviluppavo questo scritto.[15] La contemplazione filosofica non deve però essere solo praticata in gruppo; può essere anche esperita da un singolo individuo, divenendo forse più potente e profonda. La mia specifica contemplazione quotidiana negli ultimi 25 anni è stata soprattutto una pratica solitaria.

---

15. Ran Lahav, *Manuale della Compagnia Filosofica: Principi, procedure, esercizi*, Loyev Books, Hardwick 2016.

Cos'è la contemplazione?

In termini semplici, la parola "contemplazione" è spesso usata in riferimento a qualsiasi modo di pensare, ma in termini rigorosi presuppone un'intenza attività intellettuale-spirituale: intellettuale nel senso che riguarda le idee, e spirituale perché coinvolge dimensioni profonde del nostro essere che sono oltre la psicologia ordinaria.

La contemplazione, perciò, ci chiede di assumere uno stato mentale particolare, solitamente con l'aiuto di esercizi che attivano dimensioni profonde di noi stessi. Combinando i due elementi, l'intellettuale e lo spirituale, possiamo dire che nella contemplazione filosofica lavoriamo con le idee filosofiche dal profondo del nostro essere.

Riflettendo più attentamente, possiamo notare che non tutti i modelli di pensare sono gli stessi. Nella vita quotidiana a volte pensiamo attraverso un'attiva focalizzazione su un'idea e la cogliamo chiaramente, mentre in altri momenti il nostro pensare consiste in molti e fluttuanti concetti nella nostra mente vaga e sfocata, appena evidente. Qualche volta i pensieri diventano consapevoli spontaneamente, con la loro stessa forza, mentre in altri momenti li controlliamo o li produciamo con la forza della volontà. Alcuni pensieri sono veloci, elettrizzati e rumorosi, mentre altri sono calmi e lenti. Alcuni pensieri sono lineari, mentre altri vaghi e si lanciano in un istante in mille direzioni, anche se tentiamo di metterli in ordine. Alcuni pensieri sono separati dalle nostre emozioni, mentre altri sono agitati e nervosi o gelosi o gioiosi. Evidentemente, differenti tipi di pensieri hanno differenti spinte interiori, che ci motivano, capaci di influenzare il nostro stato mentale e di spingerci all'azione. Due pensieri possono avere dentro la stessa risonanza – possono essere espressi con le stesse parole – ma muovere dentro dinamiche diametralmente diverse.

Per il nostro scopo, sono particolarmente importanti quei pensieri che sono profondi dentro e toccano intimamente. Dire "profondo" è sicuramente una metafora, e più in là scopriremo cosa vuol dire. Approssimativamente parlando però, riferirsi a pensieri "profondi" s'intende che vengono da fonti più di base o primordiali rispetto ai nostri ordinari modelli psicologici. Questi pensieri non sono ancora strutturati o "addomesticati" dai nostri meccanismi pensanti, come preziosi ed ispiratori, ma come risulta toccano la totalità di noi stessi, li sentiamo in maniera particolare. Ancora, nella vita quotidiana sono piuttosto rari. Anche quando emergono, siamo troppo indaffarati per dare loro molta attenzione. Le nostre menti sono stracolme di programmi, preoccupazioni, telefonate, e-mails e socials e tutto questo tende a soffocare i nostri pensieri profondi.

I pensieri profondi richiedono uno spazio di silenzio e di ascolto, l'opposto di valanghe d'idee ed immagini che riempiono le nostre menti ordinariamente. La contemplazione è una pratica che ci aiuta a mantenere questo spazio interiore, e quindi nutrire quei pensieri speciali che nascono in profondità. Quando pratichiamo la contemplazione, siamo attenti alla nostra realtà più profonda e alle intuizioni che vi sorgono ed entrano nella nostra consapevolezza. La contemplazione non è un ascolto passivo, è piuttosto, un dialogo attivo tra noi e la nostra profondità interiore. In questo dialogo interiore io potrei recitare certe frasi per accendere nuove intuizioni, potrei riflettere su concetti o distinzioni rilevanti per affilarle. Potrei provare ad articolare quelle intuizioni in parole, o indirizzare il flusso dei pensieri verso una certa direzione, e farmi delle domande. E' dialogo interiore non necessariamente filosofico. Ma se poggiamo tutto questo su idee filosofiche o testi, diviene contemplazione filosofica.

Cos'è filosofico nella contemplazione?

Cosa vogliamo significare quando diciamo che la contemplazione filosofica è "filosofica"?

La filosofia è una lunga e storica tradizione di numerosi pensatori che hanno sviluppato nel tempo un'ampia gamma d'idee e di teorie. In Occidente, è nata più di venticinque secoli fa e da allora si è continuamente sviluppata e trasformata. Sebbene questa ricca tradizione non possa essere sintetizzata in una semplice definizione, tuttavia non possiamo guardare approssimativamente la sua storia. La filosofia è qualunque cosa i cosiddetti "filosofi" abbiano fatto durante il corso della storia umana. Se ci limitiamo, per amore della semplicità, alla filosofia occidentale, parecchie elementi generali della filosofia diventano apparenti: innanzitutto i filosofi nel loro complesso hanno investigato questioni fondamentali dell'esistenza e del mondo. Le loro ricerche non hanno focalizzato tematiche personali o locali di una data città o villaggio, ma si sono occupate di argomenti generali sulla base della capacità di comprendere la vita e la realtà: cosa significa conoscere, sapere? qual è la relazione tra la mente ed il corpo? qual è l'amore vero? qual è la vita buona? E così via. Questa è il primo scenario della filosofia.

I filosofi non sono però i soli che affrontano questi interrogativi fondamentali; lo fanno pure i poeti ed i romanzieri. Vi sono molte opere di letteratura che affrontano il senso della vita, la natura dell'amore o dell'amicizia o temi morali. Perciò, altri fattori possono essere evidenziati per distinguere la filosofia dalla letteratura e dalla poesia. Una differenza importante è che, al contrario dei poeti e dei romanzieri, i filosofi rispondono ai problemi esistenziali in un modo sistematico, cercando di creare un universale e esplicitamente affermato pensiero logico, nonché di amplia comprensione. Si potrebbe dire che la filosofia presenta teorie costruite, ma questa visione appare pregiudiziale e senza fondamento. Parecchi importantissimi filosofi, come Socrate, Kierkegaard e Wittgenstein crearono reti di idee che potrebbe essere esagerato considerarle teorie. Certamente, tutte le teorie rappresentano reti di idee, ma alcune sono troppo asistematiche per considerate tali. Dovremmo meglio dire, quindi, che la seconda caratteristica della filosofia cerca di affrontare i problemi fondamentali attraverso la creazione di una rete coerente di idee.

Queste due dimensioni però non sono ancora sufficienti. La filosofia non è il solo campo che offre reti sistematiche d'idee sulle questioni fondamentali: lo fanno anche la religione e la teologia. Queste, però, fondano le loro idee sulla fede e l'autorità – sulla fede nei libri sacri, per esempio, o sull'autorità della chiesa. Al contrario, la filosofia investiga liberamente, senza ossequiare qualsiasi presupposta credenza. In verità, i filosofi sono esseri umani e come tali non sono liberi in assoluto da pregiudizi e presupposizioni ingiustificate, ma alla fine essi cercano di esserlo, nei limiti dell'umanamente possibile. Con rispettosa distinzione, la filosofia è simile alla scienza, che tenta allo stesso modo di condurre libere investigazioni su osservazioni empiriche, considerando che il laboratorio del filosofo è la mente.

Questo è, dunque, la terza caratteristica della filosofia: investiga liberamente, usando primariamente il potere della mente. La nozione di "potere della mente" è un po' vaga qui, ed intenzionalmente, considerando le differenze metodologiche tra i filosofi. Alcuni filosofi come Spinoza usano il pensiero logico, altri come Bergson usano l'intuizione, altri come Reid e Moore usano il senso comune, ed altri ancora usano ragionare in vari altri sensi. Ma tutti cercano di affrontare le tematiche usando la mente, senza basarsi sulla fede da un lato e sulle osservazioni empiriche dall'altro.

Altri due aspetti possono essere aggiunti. La quarta caratteristica nel fare filosofia (o filosofare) è che non è sufficiente copiare le idee di un altro filosofo. Fare filosofia è un'attività creativa. E' essenzialmente ricerca, produzione di nuove idee. Il quinto punto è tutti i maggiori filosofi sviluppano le loro ricerche nel dialogo con altri filosofi, di solito leggendo precedentemente scritti e rispondendo, correggendo o criticandoli. La filosofia è tradizione del discorso intellettuale, ed ogni pensatore vi appartiene partecipandovi. Non si può essere parte di questo solco se non si sa niente di essa e senza relazionarsi a qualcuno dei suoi membri.

Potrebbe essere possibile aggiungere altri aspetti ma, per il nostro scopo, cinque caratteristiche sono sufficienti ad illustrare cosa i filosofi abbiano fatto in questi 2500 anni di pensiero occidentale.

In conclusione, quindi, la filosofia è una disciplina che indirizza argomenti fondamentali di vita e sulla realtà, attraverso la composizione di reti coerenti di idee (o teorie), usando i poteri della mente in una prospettiva creativa e dialogica. Questo metodo potrebbe anche essere applicato a qualunque contemplazione che ispira ad essere filosofica. Ma l'atto contemplativo può considerarsi filosofico solo se segue queste cinque caratteristiche.

Qualcuno potrebbe obbiettare che sto trattando la nozione di filosofia in maniera troppo rigida. Ma la filosofia non ha chiari confini o definizioni, e non vi è niente di sbagliato estenderli oltre il suo campo tradizionale. La mia risposta a questa obiezione è che non vi è, infatti, niente di sbagliato ad applicare pratiche che superano la filosofia tradizionale e che, magari, potrebbero non essere concepite più filosofiche. Niente da dire sulle meravigliose pratiche che non contemplano tutte le cinque caratteristiche, come la psicoterapia o lo yoga, che hanno benefici su molti – la filosofia non è l'unica cosa buona nel mondo – ma queste pratiche non appartengono tutte alla tradizione occidentale denominata filosofia. La filosofia non è un nome arbitrario: si riferisce ad una specifica tradizione contenente un certo corpo di scritti, metodi e pratiche. Se si vuole appartenere a questa tradizione e godere dei suoi tesori, si devono praticare gli aspetti in cui si estrinseca.

La contemplazione filosofica è filosofica perché è fedele alla natura della filosofia tradizionale, anche se di sicuro essa lo è nel suo unico modo. Si occupa di fondamentali problemi esistenziali mediante il dialogo con altri filosofi, di solito contemplando i loro testi filosofici. E' creativa e basata sui poteri della mente, perché nel processo i partecipanti sviluppano nuove idee che sorgono dalla loro profondità interiore, e che poi si organizzano e si articolano in dibattito. In questo modo creano reti di idee relazionate ai temi fondamentali della vita.

Capitolo 3

PROFONDITÀ, PROFONDITÀ INTERIORE E L'ESPERIENZA DI *LU*

Di recente ho detto che la contemplazione filosofica è un pensare dalla nostra profondità interiore. Cosa, dunque, significa "profondità interiore"?

La profondità come risorsa invisibile

L'espressione "pensieri profondi" può essere trovata già nella Bibbia. Il salmo 92, versetto 5 recita: "*O Signore, quanto grandi sono le tue opere, e quanto profondi i tuoi pensieri!*". Notiamo che "profondo" è in relazione al sostantivo "pensieri" e le espressioni "un pensiero profondo" o "pensare profondamente" sono usate pure oggi. Nel linguaggio contemporaneo diciamo anche: un'idea profonda o un'intuizione, un libro profondo, una conversazione profonda. Non usiamo invece dire: "un dipinto profondo" o "un ballo profondo" o "una cena profonda". Questo indica che "profondo" è collegato alla saggezza ed alla comprensione. Un'idea profonda ha profondità: contiene di più di quello che appare, perché ha una dimensione ulteriore di significati, al di là di una comunicazione superficiale. E' l'apice di un iceberg di un vasto territorio di saggezza.

Anche le emozioni possono essere profonde. A volte parliamo di amore profondo, un profondo male o una profonda pena, un odio profondo o una profonda ira. Se ti senti profondamente, significa che ti senti "dal fondo del tuo cuore": da una sorgente o dimensione dentro te che comprende molto più di una specifica sensazione, da una fonte che comprende molto di te stesso. Un'emozione profonda comprende un oceano ricco di vita interiore, la esprime e le dà voce. In questo senso, perché un'emozione o pensiero siano profondi debbono avere "profondità" per essere l'espressione di un'immensità nascosta.

"Profondo" è di sicuro una metafora. Quando parliamo di un pensiero profondo, non intendiamo che è localizzato "sotto" una superficie in senso geografico. Tuttavia, questa metafora non è arbitraria. E' basata su un'analogia con la profondità che giace sotto la superficie della terra o dell'acqua. Le cose che succedono nella profondità di uno stagno, per esempio, in gran parte nascoste, sono visibili solo vagamente o indirettamente. Noi possiamo intuire che qualcosa sta succedendo nel fondo dello stagno – un'ombra in movimento o un barlume di luce – senza essere sicuri di poter descrivere precisamente cosa vediamo.

Allo stesso modo, nella profondità sotto la superficie della terra vi sono radici o bulbi, vermi e formiche, topi, e chissà cos'altro: un vero e proprio mondo sotterraneo. Le radici che sono nascoste in questo sottosuolo sono le risorse di alberi e piante, l'origine nascosta delle cose visibili. Infatti, noi qualche volta parliamo metaforicamente delle "radici della materia" o "la radice del problema". Le radici sono qualcosa che non vediamo direttamente, ma danno origine alla foreste e ai prati che vediamo. Il sottoterra è una realtà nascosta, vasta e complessa, diversa dalle cose a noi visibili da cui vengono alla luce, essendo espressioni dei suoi poteri nascosti.

E' interessante notare che sono molto pochi i filosofi che si sono occupati di analizzare il concetto di profondità, anche se le parole "profondo" e "profondità" appaiono abbastanza spesso nei testi filosofici. Il filosofo francese Gabriel Marcel è uno de pochi che ha approfondito ampliamente questa categoria.[16] Egli afferma che parlare di "profondità" è un modo metaforico di parlare di una fonte originaria, una "zona d'origine, lontana ma anche dentro qualche vicina realtà. Questa analisi è in linea con l'interpretazione di profondità fatta fin qui.

---

16. Gabriel Marcel, *Il mistero dell'essere*, Borla, Roma 1987, Volume I, Capitolo 9.

Profondità interiore

Anche l'uomo può avere profondità. Parliamo di una persona profonda o una persona superficiale, ma pure della nostra "profondità interiore", quella che giace dentro noi. E' la profondità di una persona nella sua dimensione nascosta, che la costituisce, appunto, una persona profonda. E' un territorio nascosto di saggezza feconda e complessa o un'area di significati che non possono essere facilmente afferrati, definiti, scaricati, e tuttavia sono la fonte della sua manifestazione evidente di comportamenti e parole.

L'esistenza della profondità interiore non è precisamente una teoria speculativa, noi possiamo sperimentarla in noi stessi o, meno direttamente, in un'altra persona. Così, qualche volta sperimentiamo significative intuizioni ed emozioni che si accendono "nel nostro profondo" e "salgono" alla nostra consapevolezza. Questo ci fa cogliere la percezione di un territorio nascosto in noi, che percepiamo come risorsa di significati speciali, di pensieri capaci d'ispirarci e determinarci, per colmarci di intuizioni e stupore e farci crescere oltre la nostra quotidiana e personale psicologia.

La profondità interiore è abbondantemente nascosta anche allo sguardo personale. Sebbene siamo coscienti, come essere umani, di molti nostri pensieri ed emozioni, non facciamo esperienza diretta del nostro profondo. Possiamo sentire noi stessi ispirati da una fonte invisibile, possiamo percepire un'autorevole intelligenza che invade la nostra consapevolezza, possiamo anche risalire all'innesto di un'impennata (forse una frasi che abbiamo appena letto), ma la fonte interiore ci rimane abbondantemente nascosta. Altresì, la sperimentiamo normalmente come una cosa preziosa e che ci ispira. Nei momenti di creatività potremmo anche sentire che "qualcosa" ci sta suggerendo parole da scrivere, immagini, idee, frasi musicali. Questo è esattamente la fonte semantica della parola "ispirazione": qualcosa respira la sua vita in me.

Il regno nascosto che chiamiamo "profondità interiore" non può essere identificato come il nostro normale sé, consistente in abituali modelli di pensiero e di emozioni, consueti desideri e opinioni, tendenze quotidiane e sensibilità o insensibilità. Questo è il perché noi percepiamo, quando la nostra profondità interiore è risvegliata, come se qualcosa di diverso da noi agisca dentro e attraverso noi. Per un tempo limitato – per pochi secondi o anche ore - le fonti normali del nostro sentire e dei nostri pensieri non sono più completamente responsabili. Nuove risorse prendono il sopravvento nel nostro essere.

L'esperienza di *Lu*

La contemplazione filosofica è concepita per aiutare il risveglio nella nostra profondità interiore. I contemplativi, mentre meditano un breve testo filosofico, spingono al margine i pensieri e le immagini automatiche che ordinariamente sciamano nella mente e tacitamente partecipano dentro. Il risultato è che nuove intuizioni importanti spesso sorgono alla coscienza come palloncini d'aria salendo dal profondo di un lago sopra la superficie. Esse sono spesso sperimentate come particolarmente significanti e illuminanti, anche quando il loro contenuto non è molto innovativo. Esse potrebbero essere accompagnate da un senso autorevole di silenzio profondo, di meraviglia o soggezione o sorta di sacralità, di intensa presenza, oppure essere colto come un valore prezioso.

Recentemente ho scritto che le intuizioni contemplative provengono da una risorsa che è profonda dentro noi, ma è contestabile. Si potrebbe affermare che in contemplazione spesso esperiamo le nostre intuizioni come se venissero da una sorgente collocata fuori da noi stessi, da una grande fonte di intelligenza. Un certo numero di partecipanti di gruppi contemplativi mi disse che percepivano come se qualcosa di grande li avesse toccati, e che aveva suscitato la loro profondità interiore, e qualche volta ispirato loro con parole ed idee sorprendenti.

Questo lo chiamo l'esperienza di *Lu*. Uso la parole "Lu" per riferirmi alla fonte che è presumibilmente al di là di me stesso e che qualche volta agisce nella mia profondità interiore. La parola "Lu" è intenzionalmente senza significato e l'ho scelta per indicare che si riferisce ad una fonte che è oltre tutte le parole, oltre la mente verbale, alla radice di ogni pensiero.

L'esperienza di *Lu* potrebbe essere presa per considerare che la fonte delle nostre intuizioni contemplative è esterna a noi, giacente non solo fuori dal nostro sé psicologico ordinario ma pure dalla nostra profondità interiore.

E' come se la nostra profondità interiore ricevesse le proprie intuizioni da una fonte esterna dell'intelligenza; come se fosse un "organo di senso" attraverso il quale "percepiamo" idee dalla più grande realtà che chiamo "Lu".

Questo potrebbe essere cosa la nostra esperienza di *Lu* ci dice, ma la questione è come seriamente noi la possiamo avere. L'esperienza è un'impressione soggettiva, ma riflette i fatti o è una mera finzione?

Vorrei lasciare questa questione aperta e concedere al lettore la facoltà di decidere come interpretare l'esperienza dell'"oltre sé", denominata l'esperienza di *Lu*. Parlando in concreto, per lo scopo della pratica della contemplazione filosofica, questa interpretazione non è molto importante. Se le nostre intuizioni contemplative vengono dalla nostra profondità interiore o da oltre noi, provengono da fonti che sono al di là della nostra ordinaria psicologia, oltre il nostro normale sé, e vale la pena cercarli.

Una proposta interpretativa di esperienza di *Lu*

Tuttavia, mi piacerebbe proporre la mia personale visione sull'esperienza di *Lu*. In generale, preferisco evitare interpretazioni che sono troppo estreme per essere ragionevoli.

Da un lato, mi sembra poco intelligente liquidare l'esperienza di *Lu* come un frutto della fantasia. Possiamo ammettere che la comprensione contemplativa spesso consiste in idee ricche e intuizioni penetranti, significativamente ed apertamente condivise e discusse. Queste non possono essere ragionevolmente rifiutate come una mera rappresentazione privata. La qualità particolarmente intensa dell'esperienza suggerisce una fonte di comprensione o intelligenza che è diversa dal nostro sé ordinario.

L'altro estremo è ugualmente irragionevole. Non sembra vi sia una base per affermare che l'esperienza di *Lu* proviene da fonti particolari come angeli o spiriti o una mente universale che sussurra le proprie idee nei nostri cuori come interpretazione mi sembra troppo fantasiosa ed inutile.

Nella prospettiva di evitare i due estremi, trovo sufficiente dire che le intuizioni contemplative sono originate da fonti di significato o saggezza che sono più ampie delle normali strutture psicologiche; oppure, mettendola sul metaforico, che queste comprensioni sono originate da orizzonti che vanno oltre l'essere umano. Questo acquista una dimensione di saggezza e di significato che va al di là dei confini dell'ordinario sé, e che risuona nella profondità interiore ed ispira intenzioni preziose. Detto diversamente: sono come un'onda che risuona coi movimenti delle acque oceaniche.

Mi rendo conto che l'idea di una fonte di intuizioni che giace al di là di me stesso non mi è estranea come potrebbe sembrare. Certamente, le idee non sono solo psicologia. Matematica, geometria e logica sono semplici esempi di idee che non sono meri prodotti di un processo psicologicamente soggettivo: erano validi anche prima che qualunque essere intelligente poteva pensarle.

Le intuizioni contemplative non sono come le formule matematiche, ma più simili alle impressioni psicologicamente soggettive.

Molti filosofici importanti credono che la nostra mente possa capire realtà che giacciono al di là della nostra psicologia, attraverso la ragione, l'intuizione, o altra forma di comprensione. Gli stoici, per esempio, credono che la ragione può rivelare il logo che regola il cosmo. Kant sostiene che la ragione può rivelare le categorie base del mondo fenomenale, il mondo che troviamo intorno a noi. Molti altri esempi possono essere citati.

Così, non vi è niente di strano nell'idea che le intuizioni contemplative sono ancorate ad una realtà che si estende al di là delle sensazioni ed opinioni personali, al di là della dimensione psicologica.

D'altronde scegliendo di interpretare l'esperienza Lu, la cogliamo nella sua preziosità. Le comprensioni che nascono in noi sono esperienze che hanno un particolare realismo, un significato profondo e un'importanza speciale. Molte testi religiosi descrivono l'esperienza in termini religiosi: "Dio parla in me", "lo Spirito Santo mi ispira", "i santi mi parlano". Questo attesta il valore particolare dell'esperienza.

Il valore alto dell'esperienza Lu è motivo rilevante del perché come contemplativi ispiriamo ad essere in sintonia con la nostra profondità interiore e l'aneliamo fortemente. Si tratta del desiderio di Platone denominato "Eros", che ci spinge a lasciare la nostra angusta caverna per posizionarci sulla direzione della realtà più alta, che Platone identifica come Verità, Bontà e Bellezza. Questa è l'anelito spirituale che motiva un neo-platonista come Plotino a trascendere il mondo materiale per unirsi all'Uno. Questo è anche il desiderio che motiva molti credenti di tutte le tradizioni religiose a cercare il loro Dio. Noi, come filosofi di spirito libero, non ci affidiamo a dottrine come il Platonismo, il Neo-platonismo, il Cristianesimo o qualsiasi altra fede. Riconosciamo e nutriamo il desiderio di aprirci ai più grandi orizzonti dell'essere, come la piccola onda dell'oceano, senza domandarci su cosa potrebbe essere l'oceano. Non vogliamo ridimensionare la nostra esperienza Lu trasformandola in un mero dogma o semplice congettura.

Capitolo 4

PRINCIPI PRATICI

Nella contemplazione filosofica meditiamo sui testi che trattano problemi fondamentali di vita e realtà, in altre parole sui testi filosofici. Questi testi ci orientano verso gli orizzonti ampli del senso e della comprensione, anche se possono non essere i soli che sollevano argomenti di base. Qualche volta siamo guidati a riflettere su temi sotto l'influenza di un poema o un testo religioso o anche una canzone popolare.

I testi filosofici guidano invece verso una riflessione più piena perché contengono una ricca, centrata, sistematica rete coerente di idee.

Le idee filosofiche come semi generativi

Per un momento di contemplazione di solito usiamo paragrafi di un testo filosofico, ma non tutte le opere sono appropriate per questo scopo. Un testo adatto è conciso, accessibile, include un'idea compiuta ed è scritto con concetti densi e precisi, magari anche con uno stile lirico. Sono scritti che si trovano in tanti libri filosofici, pur se magari aridi e prolissi. Infatti, semi stupendi sono nascosti in molti posti inaspettati. Per la mia contemplazione ho usato testi di Platone, Marco Aurelio, Plotino, Kierkegaard, Nietzsche,

Emerson, Bergson, Jaspers, Marcel, Buber e molti altri.

Tuttavia, cosa si richiede per una contemplazione filosofica non è tanto un testo specifico, ma una particolare attitudine all'interiorizzazione che implica la capacità di ascolto: i suoi concetti, le parole, la melodia, il ritmo senza anteporre opinioni, giudizi, e tantomeno atteggiamenti di accettazione o di rigetto. Bisogna accostarsi al testo come se si volesse assaporare il vino o il cibo, ascoltare una poesia o un brano musicale. Non interessa che il testo filosofico proponga una teoria corretta o meno, ma lo consideriamo una voce nel ricco coro delle idee dell'uomo. Non lo intendiamo neanche come una dichiarazione che aspira a descrivere la via di come sono le cose, giacché stiamo cercando profondità, non precise descrizioni.

Tale atteggiamento è molto differente dal nostro consueto rapporto con le idee. Nell'ordinarietà esprimiamo un'idea quando vogliamo affermare la correttezza di una nostra opinione. Amiamo possedere ed esternare pareri sulla situazione politica, sull'ambiente, sulla vita dopo la morte, sui diritti umani e la giustizia, e li riteniamo giusti, difendendoli dai contraddittori.

Allo stesso modo, nella filosofia corrente si considerano le idee filosofiche come affermazioni o teorie realmente oggettive, o teorie sulla natura del

vero amore o sul significato delle parole o della vita
buona, oppure del fondamento della conoscenza. Un
filosofo può credere nell'utilitarismo, mentre un altro
nell'etica del dovere ed un terzo nelle virtù etiche; un
filosofo può sostenere una teoria fondazionalista
della conoscenza, mentre un altro una teoria
coerentista.

Su questo aspetto, le idee filosofiche sono
considerate simili alle teorie scientifiche, nel senso
che affermano che il nostro mondo è in un modo e
non in un altro. Una teoria funziona come una
pittura: crede di rappresentare o rispecchiare
oggettivamente i fatti. Non c'è niente di male nel
comprendere teoricamente in modo scientifico o
filosofico, ma non è appropriato per la
contemplazione filosofica.

Una volta consideravamo l'idea filosofica come
un'affermazione o una teoria, quindi non vi erano
molte vie per rapportarsi con essa: o l'accetti o non
l'accetti, o pensi che sia una descrizione accurata di
come siano le cose o pensi il contrario. Una teoria è
il prodotto-finale di una ricerca, un approdo finale di
affermazioni che esclude qualsiasi affermazione
diversa.

Invece, in contemplazione vogliamo che le idee
siano dinamiche, non conclusioni definitive.
Vogliamo che inizino un movimento di pensiero e
non lo concludano definitivamente; semi di ulteriore

pensiero non il frutto finale. Noi crediamo che le idee contengano la forza per ispirarci, per accendere nuove intuizioni, risuonare dentro e far crescere, arricchire. Questo è il motivo per il quale in contemplazione non ci poniamo la questione se condividere o meno le idee filosofiche, non c'importa sapere se siano vere o false. Con attenzione esaminiamo cosa significano per noi e in cosa possono interessarci, ci apriamo ad esse ed ascoltiamo come lavorano, come cambiano e si sviluppano in noi.

Improvvisazione del pensare

In merito al mantenere dinamiche le idee ed in continuo sviluppo, ci possiamo relazionare con esse attraverso "l'improvvisazione del pensare". In questo modo di pensare iniziamo col testo, ma non necessariamente restiamo sul testo. Siamo liberi di comporre variazioni sul testo, proprio come un musicista improvvisa intorno ad un motivo musicale originale. Il testo originario è il punto di partenza e di riferimento per percorsi alternativi di pensiero, non viene considerato definitivo, intoccabile.

Immagina, per esempio, che contempliamo il noto discorso di Socrate sul tema dell'amore nel dialogo "Il Simposio". In questo testo, Socrate descrive come l'amore si sviluppi da un amore di livello basso come un corpo fisico verso un amore alto di anime belle, verso un amore ancor più alto, del Bello in sé. Se consideriamo questo discorso come affermazione di una teoria, ci incastriamo in una specifica dottrina sull'amore. La possiamo condividere o meno, possiamo applicarla in situazioni specifiche e basta.

Per altri versi, possiamo considerare il discorso di Socrate come una prima frase musicale in un concerto improvvisato, cosicché il nostro ruolo di musicisti è risuonare col tutto in armonia. Dopo che Socrate ha suonato, inizia il nostro turno con l'aggiunta di nostre frasi musicali, creando idee che sono variazioni della sua idea originaria, che non sono esattamente la sua teoria ma per certi aspetti simili. Per esempio, possiamo incominciare con l'idea di Socrate di progressione graduale dall'amore materiale all'amore spirituale, ma applicarla ad un altro concetto come la felicità (dal piacere fisico alla gioia spirituale) o auto-coscienza (da coscienza sul corpo a coscienza dello spirito). Oppure, possiamo iniziare con la dicotomia socratica del particolare rispetto all'universale ma riferita ad un concetto differente come la saggezza (saggezza su questioni specifiche relative a questioni universali). Oppure possiamo aggiungere all'immagine di Socrate un elemento integrativo che non è il suo discorso originario, come l'amore-per-sé. Quindi, l'idea originaria di Socrate sulle fasi dell'amore può ispirare un'idea analoga o complementare, uguale per alcuni aspetti ma diversa per altri.

La conseguenza delle idee contemplative potrebbe non essere più di Socrate, bensì solo ispirate da lui. Così, nel pensare improvvisato le nostre idee contemplative sono accese ed alimentate da un testo originario e si sviluppano creativamente, conservandone qualche nucleo di complessità, ricchezza e profondità.

La polifonia delle idee filosofiche

Le teorie, come ho detto, sono come le pitture o le mappe della realtà, nelle quali si cerca di rispecchiare come sono le cose realmente.

Qui, la metafora centrale è visiva: una teoria corrisponde alla realtà proprio come una pittura o una mappa rispecchia un dato paesaggio. Ma questa metafora visiva non è adatta alla contemplazione filosofica. Per contemplare su un testo filosofico, abbiamo bisogno di trattare idee più dinamiche e flessibili, e per questa ragione è meglio abbandonare la metafora visiva, pur se lo stesso scrittore del testo l'abbia in mente.

Invece, possiamo adottare una metafora uditiva o musicale e pensare idee filosofiche non come descrizioni (pitture) che corrispondono alla realtà, ma piuttosto come voci o suoni che provengono dalla realtà.

La metafora acustica ha una logica interiore molto diversa dalla metafora visiva. Una pittura assomiglia all'originale, ma il suono del canto di uccello non assomiglia all'uccello. Il suono di un fiume non è la mappa del fiume e la voce di un cantante non è il suo volto. Sebbene vi sia una connessione intima tra il suono e la sua sorgente, non vi è somiglianza. La stessa cosa si applica alla contemplazione: non consideriamo le idee filosofiche come "mappe" o "immagini" della realtà, o ad essi corrispondenti. Per esempio, un'idea filosofica sull'amore può provenire dall'esperienza, ma non necessariamente rispecchiarla. Può relazionarsi all'amore in molti modi e complessi.

Inoltre, la metafora acustica di suoni e voci ci dice che non c'è idea filosofica precisa. Mentre una pittura o una mappa – come una teoria – possono esserlo. Lo stesso oggetto può emettere una varietà di differenti suoni, e senza essere in contraddizione, ma piuttosto completandosi l'un l'altro. Si pensi, per esempio, ai differenti suoni che possono provenire da un albero: quando un vento leggero soffia tra le sue foglie, quando una tempesta le fa scuotere violentemente tra loro, quando vengono battute dalla pioggia, quando il suo tronco di torrenti come se ondeggiasse nel vento. La metafora uditiva suggerisce che le idee possono comporre una polifonia di significati differenti ma compatibili, invece di mappe concorrenti che si contrastano l'un l'altra.

Inoltre, la metafora acustica suggerisce pure cambiamenti dinamici e sviluppo, al contrario di una mappa o una pittura che è un prodotto finito, fisso. Come i cangianti suoni di un albero in mutevoli stagioni, le idee, o reti di idee, possono diversificarsi in significato o sviluppo come cambia il tempo, come noi stessi ci modifichiamo, come variamo i nostri modi di rapportarci con la realtà.

Così, quando trattiamo le idee filosofiche non come dipinti specchianti la realtà ma come voci della realtà, possiamo relazionarci in molti modi per come esse risuonano in noi. Questo ci abilita a vedere la vita come una ricca polifonia di significati dinamici, non esclusivi, ma complessi e sfaccettati. Noi siamo costretti a lungo a scegliere tra teorie: tra le etiche utilitaristiche e l'etica del dovere, tra il dualismo corpo-mente di Cartesio e l'idealismo di Berkeley, tra l'empirismo ed il razionalismo. Noi possiamo ascoltarle tutte ed avvicinarci ad esse come voci diverse nella complessa polifonia della realtà. Questo ci permette di contemplare veramente le idee filosofiche.

Contemplare su argomenti personali

La contemplazione filosofica si focalizza, prevalentemente, sul testo filosofico, ma non esclusivamente. Nel processo contemplativo possiamo andare al di là delle idee puramente filosofiche e relazionarci con un'esperienza personale, magari, avuta ieri, o con un recente attrito familiare, una speranza o un'angoscia personali, e così via.

Per qualificare filosofica la nostra contemplazione, non dobbiamo tuttavia perdere mai di vista i più ampi orizzonti dell'esistenza. Dobbiamo contemplare una personale esperienza o problema sempre nel contesto di una più larga prospettiva filosofica sulle dimensioni fondamentali della realtà.

In quest'ottica, la contemplazione filosofica è molto differente dal counseling psicologico. In psicologia, il counseling si colloca in una particolare situazione individuale: l'angoscia del paziente, il suo trauma, i modelli comportamentali del disturbo, e così via. Nella contemplazione filosofica, invece, il nostro quadro principale è una situazione esistenziale fondamentale, ovvero la sinfonia olistica dell'esistere. Se contempliamo solo focalizzando un singolo problema personale, ci si pone contro il retroterra di questa sinfonia globale.

Per esempio, nel corso della contemplazione posso riflettere su una questione recente avuta con un amico, ma quale parte di una contemplazione filosofica sul concetto di amicizia. Oppure, posso contemplare sul mio concetto di insensatezza, ma in rapporto ad un testo filosofico sul senso della vita.

Questo non significa che tento di applicare un'idea filosofica alla mia personale esperienza. Nella contemplazione filosofica non imponiamo idee filosofiche sul senso della vita, e non chiediamo se un problema personale si adatti ad un concetto filosofico. Applicando idee filosofiche a situazioni concrete si entra sul terreno della filosofia applicata, cosa molto diversa dalla contemplazione. Nella contemplazione filosofica possiamo far risuonare un'idea con le nostre personali esperienze, che permette di dare nuova luce ed aprire a nuovi significati. E viceversa: le esperienze possono arricchire e modificare l'idea che stiamo considerando. Pittorescamente parlando, collochiamo in uno spazio contemplativo, una accanto all'altra, un'idea ed una personale esperienza, e quindi lasciamo che interagiscano generando nuove comprensioni e significati. Per tale ragione, quando desideriamo contemplare su un'esperienza personale, non è necessario cercare un testo che combaci precisamente. Se quando l'esperienza e l'idea selezionate sembrano lontane tra loro, probabilmente interagiranno in modo fecondo e daranno vita ad intuizioni creative e sorprendenti.

Mantenere un'attitudine contemplativa

La contemplazione filosofica è basata sulla forza delle idee filosofiche di muoverci, di toccare la nostra interiorità profonda e svegliare dentro una dimensione assopita per aprirla a nuovi orizzonti di comprensione.

Ovviamente, però, le idee filosofiche non sempre hanno questo effetto. Quando chiacchieriamo superficialmente, o facciamo scherzi sciocchi, o siamo preoccupati col nostro smartphone, è molto improbabile che vorremmo essere toccati o ispirati, perfino se persone intorno propongono idee stupende. Per contemplare, dovremmo mantenere uno stato della mente appropriato: un'attitudine interiore alla concentrazione, al silenzio ed attenzione profondi.

In effetti, le idee filosofiche possono qualche volta ispirarci anche senza essere preparati dentro. Succede a molti di noi che, pure nel mezzo di una chiacchierata superficiale, alcune frasi ci colpiscono profondamente. Ma è raro. Di solito abbiamo bisogno di aiutare l'idea filosofica ad agire dentro noi attraverso uno stato mentale predisposto ad accogliere la forza potenziale dell'idea.

Questo stato mentale può essere chiamato "attitudine contemplativa". Come tutto ciò che è profondo, non può essere prodotto con una tecnica metodica predefinita.

In sintesi, l'attitudine contemplativa è un'arte. Richiede pratica ed esperienza, crescita personale e solida maturità, e probabilmente anche del talento. Se sei un principiante o un contemplatore esperto, è molto importante avere consapevolezza del proprio stato mentale.

Capitolo 5

PREPARARSI ALLA CONTEMPLAZIONE

Non si può pienamente contemplare se la mente è occupata nei pensieri quotidiani; è dunque utile iniziare un'esperienza contemplativa con un breve esercizio di concentrazione, per liberarci dal ritmo e dalla tensione di goni giorno ed aprire uno spazio interiore lontano dai tumulti della vita. Questo esercizio può anche servire come rito di preparazione della mente e del corpo per predisporsi adeguatamente. Un esercizio di concentrazione non deve essere lungo e complicato, qualche volta basta sedersi con calma per pochi momenti e sentire il silenzio che avvolge la mente. A volte, comunque, si può sentire il bisogno di un esercizio più elaborato e concentrato.

Meditazione di respirazione

In questo esercizio di concentrazione, la colonna dell'aria nel mio corpo serve come metafora per me stesso. Inizio col focalizzare la mia attenzione sulla respirazione nella testa e nel naso, quindi delicatamente scivolo giù verso la mia bocca, gola, petto, stomaco, cosce e anche più giù. Mentre si fa questo, sperimento me stesso scendere dalla mia normale superficie verso la profondità interiore. Il risultato è un senso di calma e di raccoglimento che rimane fino a dopo l'esercizio.

Per iniziare questa meditazione, siedi comodo sul pavimento o su una sedia, la tua schiena comodamente eretta, e le tue mani e le gambe messe in posizione simmetrica. E' meglio chiudere gli occhi per facilitare la concentrazione. La respirazione deve essere più lenta del normale ma senza particolare sforzo.

Dopo pochi minuti di silenzio, focalizza la tua attenzione sulla testa, dove normalmente localizzi la percezione di te. Nella mente senti la fronte, le orecchie, gli occhi, le tempie. Quindi delicatamente muovi la tua attenzione all'inizio della colonna d'aria: alle narici, e senti l'aria come entra ed esce. Mentre si fa questo, non guardare le narici (cogli occhi della mente) ma piuttosto sii là.

Dopo tre o quattro respiri lenti, delicatamente sposta la tua attenzione davanti alla bocca, e senti l'aria entrare ed uscire, mentre sfiora la lingua e le labbra. Ripeto, non guardare la tua bocca ma semplicemente sentiti tutto là. Cerca di inspirare con il naso ed espirare con la bocca e, se non è troppo difficile, continua a respirare così fino alla conclusione dell'esercizio. Il tuo respiro sarà un po' più lento, ma non forzato.

Dopo altri tre o quattro respiri, delicatamente scivoli con la tua mente dietro la tua bocca, rimani là, e senti l'aria andare dentro e fuori, sfiorando la parete superiore della bocca e la radice della lingua. Successivamente, sposta la tua attenzione sulla parte superiore della gola. Mentre sei là e senti il flusso dell'aria, puoi anche percepire i muscoli della gola e magari la tensione e l'affaticamento che hai potuto accumulare.

Dopo tre-quatto respiri ancora, scendi fino alla parte più profonda della gola, percepisci il flusso dell'aria ed i muscoli, e come il tuo respiro stia diventando sempre più lento. Da lì continua fino al petto, dove sentirai la vastità del suo spazio mentre i polmoni si espandono e si contraggono, e da lì vai allo stomaco, dove sentirai i movimenti muscolari che attivano l'intera colonna dell'aria restante su essa. Se ricordi di non guardare (con la tua mente) quelle parti del corpo ma piuttosto di sentirtici dentro, puoi adesso sperimentare te stesso situato più in basso della tua testa e dei tuoi occhi, dove di solito percepisci te stesso.

Adesso delicatamente continua verso i tuoi glutei e le cosce e senti l'aderenza dei pantaloni sulla tua pelle e la pressione del tuo corpo sulla sedia. Sebbene sei sotto la colonna dell'aria, puoi ancora sentire i muscoli riverberare sotto la respirazione.

In conclusione, fai la discesa finale: dalle cosce delicatamente affonda ad un punto sotto il tuo corpo, sotto la tua sedia, magari di un metro.

Metaforicamente, sei sotto il tuo sé, alla radice del tuo essere, nel punto del silenzio e della saggezza. Se questo esercizio riesce, sentirai te stesso in un silenzio interiore profondo.

Mantieni questo stato di quiete nella tua mente quando incominci a contemplare.

Le parti del corpo nella meditazione

In questo esercizio di concentrazione dirigi la tua attenzione sul tuo corpo, focalizzando un organo a volta, mentre delicatamente passi dai tuoi piedi in su fino alla testa. Per iniziare la meditazione, siediti simmetricamente su una sedia, chiudi gli occhi, e focalizza la tua mente sul tuo piede destro. Puoi percepire la pressione sul pavimento, la tua pelle che tocca la scarpa, il pulsar del sangue, i muscoli. Dopo pochi secondi delicatamente sposta l'attenzione sulla tua caviglia e percepiscila nella tua mente. Quindi spostati sul tuo ginocchio, e poi sulla coscia. Dopo trasferisci la tua attenzione sulla sinistra, iniziando dal piede, poi la caviglia, il ginocchio e la coscia. Quindi, sposta la tua attenzione sul bacino, e via via sullo stomaco, sul petto, sulla spalla destra, sul braccio, sul gomito, sul polso, sulla mano e sulle dita. Prosegui focalizzando mentalmente la spalla sinistra e vai giù al braccio fino alle dita. Quindi torna indietro sul petto e sali alla gola, il mento, il naso, gli occhi e sulla la parte superiore della testa.

La tua mente dovrebbe essere adesso concentrata e libera da pensieri ed immagini. Sei pronto per prendere il testo ed incominciare la tua contemplazione.

Sette auto-istruzioni

In questo esercizio di concentrazione prendi consapevolezza della sequenza delle istruzioni, ciascuna finalizzata a farti assumere un atteggiamento specifico del corpo e della mente.

1. Un buon punto d'inizio è l'istruzione "Notifico". Dilla per te stesso nella tua mente, e seguila notificando tutto ciò che sta succedendo con consapevolezza: il continuo flusso di pensieri ed immagini, le preoccupazioni latenti ed i progetti che scorrono nella tua mente, la tensione e la postura corporea. Notifica anche cosa è successo nelle ultime ore nella tua consapevolezza: le tue azioni affrettate, le tante parole dette e sentite, i tuoi sforzi e le tue ansie. Notifica questa immensa valanga e rendila tutta presente nella tua consapevolezza.

2. La seconda istruzione è "Fermati". Dilla per te stesso nella tua mente, e seguila fermando tutta l'attività della tua mente. Non stai più progettando te stesso nel futuro: programmando, sperando,

esigendo, aspettando, preparando, iniziando. Sei solo qui adesso, non più correndo in giro per commissioni e faccende ed appuntamenti. Ti senti in stato di riposo. Se i pensieri nella tua mente continuano a correre, dissociati da loro: non sono te. Non combatterli: lasciali correre dove vogliono, mentre stai qui in te stesso, presente, immobile.

3. Terza istruzione è "Lascio andare". Dilla a te stesso. Rilassa le tue mani e le tue braccia, rilassa la tensione del tuo intero corpo e la tua mente, come se stai lasciando qualunque cosa stavi reggendo.

4. Successivamente, dici a te stesso "Fiducia". In risposta sentiti tutto il corpo in salvo e protetto. Non sei più in guardia, non più pronto per difenderti. Adesso sei coccolato tra le braccia della realtà, per così dire, confidente come un bambino tra le braccia dei genitori.

5. Adesso dici a te stesso "Mi apro". Sentiti che ti stai aprendo al mondo intero senza il consueto confine tra te ed il fuori-da-me.

6. Dopo dici a te stesso "Mi espando". Sentiti fluire verso il mondo. Non sei più qui, perché sei dispiegato oltre ed ovunque.

7. Infine, dici a te stesso. "Vuoto". Tira tutto dal centro del tuo mondo lasciandolo vuoto. Fai un passo indietro, per così dire, dalla tua consueta

posizione nel tuo mondo per aprire uno spazio vuoto dentro te. Non sei più l'attore principale nel tuo mondo personale. Al centro di te stesso vi è uno spazio aperto e di ascolto, come una radura in una foresta. In silenzio ascolta tutto ciò che speri che appaia o parli in questa radura.

A questo punto dovresti sentire profonda quiete e grande attenzione. Adesso puoi iniziare la contemplazione.

Inutile dire che puoi cambiare i punti delle istruzioni e crearne una tua personale.

Rendere presente

In merito agli esercizi di concentrazione si chiede una certa capacità di autocontrollo ed una struttura idonea. Alternativamente, puoi preferire un esercizio più leggero, meno impegnativo. Una proposta tranquillamente praticabile è semplicemente sedersi quietamente per qualche minuto. Comunque, l'assenza di concentrazione può spingere la tua mente a perdersi in pensieri ed immagini ed iniziare a vagare tra impegni e preoccupazioni. Comunque, la migliore alternativa è perciò sedersi con calma, lasciare i tuoi occhi scorrere sugli oggetti della tua stanza, e renderli intensamente presenti nella tua mente. Questa è chiamata "presenza": invece di osservare una sedia o una penna come cosa ordinaria nello spazio del tuo ambiente, la focalizzi come se fosse una gemma preziosa. Intensifica la sua apparenza visuale nella tua consapevolezza e rendila presente.

Fai questo esercizio delicatamente, senza sforzarti troppo, lasciando il tuo sguardo scivolare spontaneamente da un oggetto ad un altro, fermandoti volontariamente su una cosa qualsiasi e rendendola presente, e poi passando ad un oggetto successivo. Dopo un po', la tua mente non sarà più decisamente coinvolta nel tuo mondo come lo è di solito.

Capitolo 6

I METODI DELLA CONTEMPLAZIONE FILOSOFICA

Dopo l'esercizio di concentrazione, la mente è probabilmente predisposta, attenta e serena. Pronti per iniziare la contemplazione filosofica.

In un certo senso, non vi sono tecniche specifiche. L'azione contemplativa si origina dal nostro desiderio di superare i nostri limiti per penetrare in una realtà più profonda, sia dentro che fuori di noi stessi. Questo anelito è una forma di amore, e proprio come l'amore non può produrre istruzioni. Ha la sua stessa vita ed il suo ritmo dentro noi. Non puoi forzarti di amare qualcuno attraverso una tecnica.

Tuttavia, le tecniche o i metodi possono aiutare la concentrazione ed il rafforzamento dello spirito contemplativo. Una terapia matrimoniale non può creare amore da niente, ma può lavorare con le emozioni esistenti per nutrirle ed orientarle.

Lezione del silenzio

La lezione del silenzio è forse il più importante metodo del testo contemplativo. Se funziona, produce intuizioni che sono sentite così profonde e preziose, provenienti dai territori nascosti della nostra consapevolezza. Questo metodo è un adattamento della Lectio Divina, fonte contemplativa sviluppata dai monaci cattolici nel Medioevo, e che continua ad essere praticata tuttora negli ambienti cristiani.[17]

Nella lezione del silenzio, leggiamo, appunto, in silenzio, un breve testo filosofico ed ascoltiamo interiormente quale risposta arriva alla nostra comprensione. Il testo ci fornisce il materiale filosofico col quale lavorare, serve anche come un asse centrale di contemplazione che ci aiuta a mantenere messa a fuoco e concentrazione. Ci offre anche una rete di idee che risuonano e crescono dentro attraverso il metodo contemplativo, rivelando nuovi ed inaspettati significati ed adattandoli alla nostra esistenza. Di conseguenza, possiamo sperimentare il testo che ci parla e ci provoca nuove intuizioni. Da qui il nome "lezione del silenzio".

E' meglio scegliere per questo metodo un testo filosofico breve, di uno o due pagine, denso e lirico. Non c'è bisogno di essere d'accordo con cosa dice il brano: è solo uno tra tante "voci" della realtà umana, un punto iniziale per sviluppare personali intuizioni.

Vi sono diverse tipologie di lezione del silenzio, per singoli e per gruppi; la seguente ha come idea base il discernimento del testo ad ampio raggio di

---

17. Per le versioni moderne di "*Lectio divina*" vedere Gustav Reininger (ed.), *Centering Prayer*, Continuum, New York 1998.

significati, per consolidarli in una comprensione focalizzata mediante la concentrazione su un'espressione o idea.

a. *Lettura preliminare*: Vai sul testo per cogliere il suo significato letterale. Cerca di mantenere uno stato mentale calmo e gentile, così da far fluire delicatamente e con attenzione i tuoi pensieri e le tue riflessioni.

b. *Rileva una molteplicità di idee*: Vai all'inizio del testo e leggilo di nuovo in silenzio, ma questa volta molto lentamente ed accuratamente. Ascolta ogni parola e tutto ciò che evocano nella tua mente le idee e le immagini. Sui testi non forzare interpretazioni o analisi: lascia che semplicemente parli in te. Non ti preoccupare se la tua mente rimane inattiva e senza idee: le intuizioni hanno i loro tempi, la cosa principale è la predisposizione ad ascoltarsi. Ogni volta che senti un'idea salire alla tua consapevolezza, una frase, una parola, un'immagine, notificala solo. "Notificare" un'idea significa riconoscerla, come se le parlassi. "Ciao, ti ho visto!". Dopo pochi secondi o minuti, quando hai finito di notificare, continua tranquillamente a leggere due-tre volte, e, dopo, avrai probabilmente un grappolo di idee emerso dal testo. Qualche volta questo metodo è più fruttuoso se annoti le tue comprensioni come si presentano alla tua consapevolezza.

c. *Contemplando una frase scelta*: Mentre ascoltavi il testo, una certa frase può avere catturato la tua attenzione. Può esserti sembrata particolarmente significativa, intrigante, toccante. Focalizzala e rifletti in relazione all'insieme di significati che hai colto in precedenza. Non cercare d'analizzare questa frase o decifrare il suo significato: lasciala agire dentro ed ascoltala. Gustala come una caramella che assapori in bocca senza frantumarla coi denti. Per fare ciò, puoi pronunciare le parole parecchie volte, o impararle col cuore. Un'altra metodo è di scriverle accuratamente in maniera calligrafica, mentre mantieni il silenzio interiore.

d. *Unificare*: Dopo che sono scaturite tante idee, è tempo di cambiare direzione: raggruppale insieme, rendi uno la molteplicità. Il tuo successo adesso è trovare un'unità, una comprensione coerente e di sintesi: non una somma (come puoi unire idee molto diverse tra loro?), ma un significato centrale intorno al quale tutto ruota. Con calma vai sopra le parole e le idee che hai in precedenza notato e sollecitale ad unirsi in un'unica intuizione. L'idea centrale emergente può essere su un problema generale, o su una situazione nella tua vita personale. Come prima, non imporre le tue interpretazioni: resta in attenzione e lascia che le idee facciano il più del lavoro. Questo spesso ti aiuterà interiormente a farti domande e darti risposte. Conserva tutto in mente mentre ripercorri il testo diverse volte, con particolare attenzione alla frase scelta.

Non essere sfiduciato se non viene nessuna sollecitazione nuova. Il punto centrale di questa contemplazione non è arrivare ad un risultato, una nuova idea o una nuova interpretazione, ma è sostanziale   l'itinerario   contemplativo. L'atteggiamento interiore di una serena apertura ha valore in sé per la tua profondità interiore.

e. *Uscita*: Lentamente lascia che la tua attenzione si allenti, curando di non interrompere la seduta troppo improvvisamente. Dopo che ti rilassi e ti alzi e torni alla tua attività quotidiana, cerca di mantenere per un po' l'atteggiamento di contemplazione e trattieni in mente qualche parola ed intuizione che ti hanno particolarmente toccato. Ti può aiutare scrivere qualche idea rimasta in testa.

Lettura vaga

Vi sono diversi metodi alternativi di lezione del silenzio. Una di queste è la lettura volante, in cui leggiamo un testo breve mentre teniamo intenzionalmente la nostra mente distratta e deconcentrata. In questo modo scaturiscono nuovi significati, non mediante il normale pensare analitico, ma attraverso un canale speciale della nostra mente. Questo metodo lavora bene quando leggi un nuovo testo per la prima volta.

Dopo esserti concentrato, siediti con calma ed inizia a leggere lentamente il testo, gustando le parole come scorrono nella tua mente. Essa sarà attenta e ricettiva, ma con lo sforzo di comprendere, analizzare, o risolvere. Se una frase non è chiara per te, non fermarti e non rileggerla. Agisci come se il testo non fosse indirizzato a te: il tuo scopo non è comprenderlo: è come se leggessi il testo per qualcun altro che ti sta ascoltando.

Con questo atteggiamento interiore, leggi costantemente e nota le immagini e le idee che possono fluire nella periferia della tua consapevolezza. Alla fine della lettura, passa ad uno stato mentale di concentrazione. Cerca di mettere insieme le idee che ricordi, magari articolandole in mente o scrivendole su un foglio. Per ottenere un atteggiamento interiore idoneo, considera questi significati come "doni" preziosi donati a te dalla tua profondità interiore.

Ruminare (*Ruminatio*)

Questo metodo ha lo scopo di permettere alle idee di entrare nella tua consapevolezza in risposta alla lettura di una frase scelta e ripetuta infinitamente.

Dopo la concentrazione, inizia a leggere un lungo testo filosofico. Fallo lentamente e con attenzione, nella tua mente o a bassa voce. Nel mentre chiosa una frase o breve passaggio che attira la tua attenzione, ti tocca o intriga, giacché ti dice qualcosa.

Finita la prima lettura, torna al brano evidenziato e leggilo di nuovo, lentamente e con attenzione. Ascolta le parole in quanto tali: il loro suono, il ritmo, il modo in cui le pronunci. Questo tipo di lettura è molto diversa dal normale. Infatti, ordinariamente noi "guardiamo attraverso" le parole verso il loro significato senza porre attenzione alle parole in sé.

Mantiene la lettura di uno stesso brano ripetendolo almeno sei o sette volte, anche più. Non preoccuparti se ti senti stufo o annoiato: è normale. Ascolta profondamente le idee e le immagini che salgono alla tua consapevolezza. Trattale come doni preziosi donati a te attraverso la tua interiorità profonda. Al termine della lettura puoi metterle insieme ed articolarle in parole, o in mente o scriverle.

Risonanza con idee

Questo metodo ha lo scopo di far dialogare le idee scaturite dal testo col proprio vissuto personale. Il punto non è imporre i pensieri filosofici, ma lasciare che dialoghino con la propria esperienza personale: in questo modo, il testo rivelerà significati nascosti della tua esperienza personale e l'arricchiranno.

Nella prima fase, leggi il testo scelto con calma ed attenzione. Identifica un breve passaggio che trovi particolarmente interessante e leggilo tante volte. Registra qualche concetto principale di questa idea. Per esempio, se scegli "Lo sguardo" di Jean-Paul Sartre (un brano nel volume "L'essere e il nulla", che parla di come l'uomo si relaziona agli altri), puoi notare i concetti sullo sguardo (l'altro è qualcuno che guarda me), quelli di soggetto e oggetto, di oggettivizzazione (lo sguardo dell'altro mi costituisce un oggetto), di libertà (un soggetto è libero, a differenza di un oggetto), e così via.

Nel seconda fase richiama mentalmente un evento o una situazione che hai vissuto recentemente e che potrebbe avere qualche collegamento col testo. Riflettici sopra in dettaglio, rapporta sia concetti che scaturiscono dal testo, che i particolari, anche piccoli, dell'esperienza personale. Ascolta dentro come interagiscono l'un l'altro, come reciprocamente s'illuminano, concordano. Non analizzare, non imporre le tue idee, solamente annota silenziosamente la conversazione tra i due. Se riesce bene, nuove intuizioni emergeranno.

Immagini filosofiche guidate

La tecnica delle immagini guidate è usata in diverse scuole di psicoterapia e gruppi spirituali. Qui viene adattata per la contemplazione filosofica. L'idea fondamentale è che la nostra immagine spontanea può dare voce alle comprensioni profonde non facilmente accessibili al nostro pensare cosciente.

Scegli un breve testo filosofico in cui l'idea centrale può essere metaforicamente visualizzata; un esempio è l'allegoria della caverna di Platone, in cui possiamo immaginare gli abitanti della caverna e la loro uscita verso la luce del sole; o il passaggio di Nietzsche "Tre metamorfosi" in cui l'autotrasformazione è come un cammello che si trasforma in un leone, e da leone a bambino.[18]

Siediti diritto ma confortevole ed in una postura simmetrica, su una sedia o sul pavimento. Leggi lentamente il testo per capire il suo significato immediato. Dopo aver compreso il testo, leggilo ancora qualche altra volta mentre attendi le immagini visive suggerite. Questa lettura ripetuta può servire a centrare l'esercizio.

Adesso che il testo è chiaro e la tua mente è calma e concentrata, chiudi gli occhi. Nella tua immaginazione visualizza te stesso dentro il

---

18. Platone, Repubblica, Libro 7; Friedrich Nietzsche, Così parlò Zarathurstra, in Walter Kaufmann, *The portabile Nietzsche*, Penguin Books, 1984, parte I, pp. 137-140.

paesaggio dell'immagine suggerita da ciò che hai letto, per esempio, nel caso dell'allegoria della caverna di Platone, puoi immaginarti seduto su una sedia dentro la caverna mentre osservi le ombre sul muro, puoi visualizzare la struttura ed il colore delle pareti, la sedia, il movimento delle ombre, ed il tuo compagno prigioniero seduto accanto.

Una volta che hai fissato dove sei, libera la tua immaginazione e lasciala esplorare da sola su cosa succede. Puoi immaginarti in piedi, che giri intorno, magari camminando verso l'uscita: ed a questo punto lascia che la tua mente decida cosa succederà fuori la caverna.

Non comandare il tuo pensiero su cosa immaginerà: lascialo muovere intorno spontaneamente, portandoti dove desidera. Ferma la tendenza naturale di cercare di controllare la tua mente. cosicché il tuo ruolo sarà solo di testimoniare silenziosamente il viaggio immaginario e di memorizzarlo. Dopo dieci o quindici minuti, quando senti di essere pronto a concludere il viaggio, trova un posto adatto per fermarti (sopra una collina fuori dalla caverna), e delicatamente riportati a te stesso. Attendi quando ti senti pronto per aprire delicatamente gli occhi.

Ora, con gli occhi aperti, rifletti sul tuo viaggio immaginario. Cosa ti ha rivelato? Quale ricchezza ha dato alle idee del testo, e alle tue idee personali? Vi è qualcosa di sorprendente, nuovo, illuminante in quelle idee? Appunta tutto spontaneamente ed in totale libertà.

Contemplazione calligrafica

Questa è un percorso aperto e non strutturato. Leggi il testo lentamente e silenziosamente, anche una semplice e breve frase, l'importante che attragga la tua attenzione e che, per così dire, "possa dirti qualcosa". Scrivi in maniera precisa ed in bella scrittura questa espressione su un foglio di carta speciale, usando una penna calligrafica. Focalizza la tua mente sulla scrittura delle lettere e trattale come preziose. La scrittura focalizzata può indurre in te una sensazione di silenzio interiore, attenzione, e preziosità. Questo può produrre nuove intuizioni intorno alle idee scaturite dal testo. Per fare questo esercizio non è necessario essere un calligrafico professionista: il successo di questo percorso non è stilare scritti professionali, ma entrare in uno stato profondo di attenzione contemplativa.

Capitolo 7

ESPERIENZE CONTEMPLATIVE TIPICHE

I metodi illustrati possono creare intuizioni profonde, nel senso che aprono aspetti nascosti della nostra realtà, svegliano in noi una dimensione interiore e profonda, dalla quale possiamo valorizzare questi aspetti. Ambedue questi approcci di solito ci coinvolgono in esperienze significative.

I contemplatori raccontano di avere vissuto un'ampia gamma di esperienze, impossibile da descrivere o classificare con precisione. Tuttavia, vorrei riportare in questo capitolo alcune delle diffuse e comuni esperienze. Se hai avuto esperienze simili, li troverai di facile comprensione.

La maggior parte di queste esperienze sono piacevoli. E' cosa buona affezionarsi ad esse e provarle ripetutamente, ma è importante ricordare che il nostro scopo in contemplazione è di connettersi con la profondità della nostra realtà, non solo sperimentare sensazioni gradevoli. Esperienze positive possono fare buone cose: possono darci energia e motivazione, ma non sono il traguardo principale della contemplazione.

Quiete interiore

Forse l'esperienza più comune nella contemplazione è un forte senso di silenzio interiore o quiete, che sostituisce l'ordinaria attività rumorosa della nostra mente. Siamo così abituati a questo permanente pandemonio interiore che siamo in grado di captare la sua esistenza solo dopo avere sperimentato la sua assenza. Questo non significa che interrompiamo il nostro pensare o agire. Possiamo vivere il silenzio interiore anche nel centro di una conversazione.

Il silenzio interiore non è un'assenza ma una presenza intensa. Infatti, percepiamo il riempimento della nostra mente come una sostanza trasparente. Spesso sembra una dimensione che ci fascia, come se tutto quello che facciamo è sospeso in uno spazio silenzioso: i nostri pensieri, il ritmo della nostre azioni, la postura del nostro corpo.

L'esperienza del silenzio interiore rafforza l'impatto dei nostri pensieri e della nostre intuizioni: non si percepiscono più come un'insignificante chiacchiericcio individuale, ma una parte di un territorio più grande in cui partecipiamo.

Preziosità e sacralità

Un'altra esperienza diffusa è quella della preziosità.

Noi cogliamo le intuizioni che sorgono nella nostra mente come un grande valore, perle preziose, perfino sacre: non perché sono utili per qualcos'altro, non perché sono piacevoli, ma perché posseggono la qualità della preziosità. L'esperienza è simile a quella che proviamo quando entriamo nello spazio sacro di un tempio, o quando ci fermiamo in cima ad una montagna e guardiamo con stupore l'immensità del paesaggio. Non è semplicemente un'esperienza di "lo sto godendo", ma di essere in uno spazio particolare che è sopra le cose ordinarie.

L'esperienza "bolla"

Un'esperienza contemplativa importante è quella che possiamo chiamare una "bolla" dell'intuizione. Questo succede quando un'intuizione appare alla nostra consapevolezza inaspettatamente, come se arrivasse da altrove, come se si alzasse da qualche profondità nascosta, proprio come una bolla d'aria sale dal fondale buio di un lago verso la superficie visibile dell'acqua.

Questa intuizione in sé può essere qualcosa di vago all'inizio, difficile da descrivere. Quando la riusciamo a tradurla in parole, esse possono sembrare inadeguate, insufficienti a cogliere l'intuizione originale, qualche volta anche banale e futile.

Inoltre, l'intuizione originaria, prima di essere tradotta in parole, ha provato significato e preziosità come se venuta da una più profonda fonte di saggezza.

Bolle di intuizione non hanno bisogno di essere potenti o rivoluzionarie. Al contrario, sono spesso appena evidenti, fluttuando alla periferia della nostra consapevolezza. Inoltre, quando le notiamo comprendiamo che si offrono diversamente dai nostri pensieri ordinari, avendo un modo particolare di presenza e significato.

L'esperienza "bolla" è importante per la contemplazione perché lo è di più di una mera sensazione: essa è capace di afferrare la comprensione di un problema fondamentale. Le bolle qualche volta si presentano in situazioni quotidiane, anche fuori dallo specifico contesto contemplativo, ma di solito non li cogliamo perché sono flebili e sfuggenti. La contemplazione ha la duplice funzione di aiutarle ad apparire ed anche aiutarci a notarli.

L'esperienza di profondità interiore

Qualcosa di più intensa dell'esperienza "bolla" è quella della profondità interiore. Qui, non solo sperimentiamo una comprensione che viene da "altrove" ma anche percepiamo questo "altrove" dentro noi, di solito come un dormiente, aspetto nascosto del nostro essere risvegliato e rivelato. Lo intendiamo come se il coadiuvante familiare, così familiare che quasi mai ci disturba pensarlo, sia un piano di superficie sopra un io più profondo. In questa scoperta profondità, noi troviamo una risorsa di ispirazione che genera comprensioni particolarmente forti e nitide.

Questo senso di nuova profondità è temporanea e sparisce non molto dopo avere terminato l'esercizio contemplativo, ma ci lascia la netta convinzione di essere più profondi di quello che ordinariamente sembriamo.

L'esperienza di *Lu*

Come sopra accennato, qualche volta ci sembra di essere stati toccati da un qualcosa di più grande di noi, più reale o perfino supremo. Sentiamo come se una realtà più grande o più alta ci tocca, ci avvolge, ci riempie e ci pervade, a volte infondendoci dentro tanta energia, ed ispirandoci una ricchezza di riflessioni. Spesso questa realtà più grande ci accende un senso di stupore, preziosità, quasi miracoloso.

E' bello interpretare quest'esperienza come un incontro con un essere superiore o addirittura Dio. Infatti, esperienze simili sono state riportate da molti mistici in tante tradizioni religiose ed interpretate come una comunicazione con un essere divino. Per noi, comunque, è meglio astenersi da speculazioni metafisiche. E' sufficiente rimanere fedeli all'esperienza in sé e parlare del senso di una realtà più alta. Come ho già detto, la chiamo "esperienza Lu", dove "Lu" è una parola senza significato, pertinente ad una realtà che ci lascia in un silenzio pieno.

Varietà di esperienze

La lista suddetta include alcune delle più tipiche esperienze che possono accompagnare la contemplazione, ma certamente non è esaustiva. Vi sono altri percorsi di esperienze contemplative. Ciò che è singolare è che provocano un cambiamento profondo (pur se temporaneo) nel nostro stato mentale regalandoci un senso più maturo di presenza, di comprensione e di rapporto con dimensioni fondamentali della realtà.

Capitolo 8

DOPO LA CONTEMPLAZIONE

Quando arriviamo alla fine della seduta contemplativa, è importante non terminarla troppo improvvisamente. Concludere delicatamente permette alla mente di assimilare ed integrare l'esperienza, di riflettere sui suoi significati e prenderne tutta la sua ricchezza. Questo può essere fatto in uno dei diversi e brevi percorsi alla fine dell'esercizio.

Riflessione calligrafica

Sei hai qualche abilità a scrivere calligraficamente, anche se sei un mero principiante, una buona conclusione della sessione contemplativa è sedersi con molta calma e scegliere una o più frasi del testo. Mentre scrivi, non cercare di pensare, semplicemente segna le parole lettera per lettera con cura e lentamente. La cosa importante qui non è la scrittura in senso stretto, ma il processo di scrittura. Questa è il motivo per cui la tua abilità calligrafica non è importante. La tua mente, focalizzando l'atto dello scrivere, manterrà il silenzio contemplativo, che aiuterà l'assimilazione dell'esperienza contemplativa appena terminata.

Disegnare le intuizioni

Come risonanza delle intuizioni scaturite durante la sessione, siediti con molta calma e con un foglio di carta e rifletti sulla contemplazione appena fatta. Quando richiami un'idea significativa della seduta, tratteggiala con uno schizzo semplice e schematico. Non pensarci troppo e non razionalizzare, lascia la tua mano scrivere con spontaneità. Cerca di evitare eccessivi dettagli, ma puoi aggiungere una paio di parole esplicative a qualche elemento del disegno (per esempio, la parole "scorrere del tempo" accanto ad un disegno di un fiume). Lo schizzo è inteso semplice promemoria dell'idea, non sua rappresentazione dettagliata. Per esempio, se richiami una distinzione che hai fatto durante la seduta tra la leggerezza della bellezza e la misura della bontà, puoi scriverle come cerchio e piramide e aggiungere le parole "bellezza" nel cerchio e "bontà" dentro la piramide.

Disegna ogni idea su una parte piccola della pagine, e l'idea successiva in un'area diversa. In questo modo realizzerai un insieme di tanti disegnini distribuiti sul foglio. E' meglio scrivere spontaneamente senza pianificare troppo e senza cercare di unire i differenti schizzi in una sola immagine coprendo l'intero foglio.

Disegnare consentirà di portare con calma alla tua mente le diverse intuizioni conseguite durante la contemplazione, integrandoli insieme senza spingerli forzatamente dentro una conclusione artefatta.

Una passeggiata per rendere presente

Dopo la seduta di contemplazione puoi fare una passeggiata, preferibilmente nella natura. Mantieni lo spirito contemplativo e delicatamente porta alla tua mente le intuizioni e le esperienze frutto della contemplazione, lasciandole fluttuare nella tua consapevolezza senza imporre analisi o interpretazioni.

Nell'intento di conservare uno stato interiore di quiete contemplativa, puoi modificare la semplice camminata in una passeggiata, per essere totalmente presente a te stesso, pienamente consapevole del tuo corpo, dei tuoi pensieri e del tuo ambiente. (Come detto in precedenza, "rendere presente" significa rendere qualcosa presente nella tua consapevolezza)

Le seguenti tre linee-guida possono contribuire a rendere efficace questa passeggiata:

Primo: Delicatamente: Qualsiasi cosa tu faccia col tuo corpo o la tua mente, falla delicatamente. Evita frettolosità o di essere brusco. Cammina delicatamente, gira i tuoi occhi delicatamente, muovi delicatamente le tue braccia. Puoi toccare con delicatezza una pietra, una foglia, la terra.

Secondo: Visione marginale: Invece di focalizzare i tuoi occhi su un oggetto specifico, cerca di allargare l'attenzione del tuo sguardo sull'intero campo visivo.

Terzo: Rendere presente: Qualunque cosa vedi, senti, o percepisci, rendila pienamente presente nella tua consapevolezza.

Non forzare queste tre linee-guida, ma piuttosto fluisci con esse. Non saranno una distrazione ma di aiuto nel renderti attento e calmo.

Tenere un promemoria interiore

I tempi immediatamente dopo la seduta contemplativa possono durare, più o meno, dieci o venti minuti ma tu puoi anche fare un esercizio più lungo, fino a oltre parecchie ore. Per fare ciò, scegli una frase che ti ha toccato significativamente durante la contemplazione o formulane una nuova. Ora, per il resto del giorno, cerca di trattenerla nella mente; non devi pensarci esplicitamente, solamente tienila dietro i tuoi pensieri.

Naturalmente, sarai subito distratto dai problemi quotidiani, probabilmente per lunghi periodi di tempo. Questo è totalmente accettabile. Appena ti rendi conto che hai perso la frase, riprendila e ripetila mentalmente un paio di volte. Puoi fare anche un semplice gesto: toccarti il cuore, muovere la testa, ecc., come un segno di memoria e conferma.

Mentre fai tutto ciò, una nuova "bolla" di intuizione può affacciarsi in mente, magari riecheggiando la frase scelta o rispondendole: rilevala delicatamente come se avessi ricevuto un regalo.

Capitolo 9

IL CONTEMPLATIVO FILOSOFICO

La contemplazione filosofica non è accessibile a tutti. Per divenire un contemplativo filosofico, aiuta possedere certe sensibilità ed inclinazioni. La contemplazione filosofica, in alcune persone, accresce la formazione personale e l'esperienza; per altre, invece, queste qualità sono naturali, oppure c'è bisogno che si sveglino, mentre per altre ancora debbono essere sviluppate con uno sforzo particolare.

Aprirsi alle idee

Una qualità importante è aprirsi alle idee, che non necessariamente vuol dire la volontà di accumulare conoscenza filosofica, bensì avere una mente flessibile capace di sperimentare mediante nuove idee e senza essere condizionato da opinioni e pregiudizi. Questo significa che essere in grado di superare il bisogno umano di condannare e sentenziare, concordare o dissentire, e si possa riflettere con trasparenza e buona volontà nell'andare dove le riflessioni portino. L'opposto dell'apertura è l'essere rigido e inflessibile nei propri pensieri o chiudersi in ottuse supponenze. Il presuntuoso, si aggrappa a certe opinioni e rifiuta di considerare seriamente ed onestamente qualsiasi alternativa. Se si è veramente aperto di idee, si può lavorare sul terreno delle idee senza preconcetti, senza condannare o aderire, senza credere di sapere a priori dove approderai.

La passione per l'indagazione filosofica

Le idee filosofiche hanno un potere straordinario di ispirarci, maturarci, illuminarci. Il problema è che molta gente tratta le idee filosofiche come una materia astratta, nutrendo poco interesse, mentre invece per il contemplativo filosofico, le idee filosofiche sono una risorsa preziosa della vita.

Per essere un contemplativo filosofico devi cercare valore e significato nella ricerca filosofica. Questo non significa semplicemente che ti "diverte" leggere filosofia o che ti piace parlarne. La passione è molto più che mero piacere o interesse. Vuol dire che i grandi temi della vita sono importanti e significativi per te, che possono farti crescere e donarti ispirazione.

Qual è il senso della vita? Cosa è il vero amore? Cos'è la verità? Mentre certi individui possono respingere tali argomenti come questioni inutili o (.) semplice intrattenimento, altri li trovano importanti e capaci di far crescere. Per loro, la vita senza analizzare ed approfondire questi temi è superficiale ed incompleta.

Se sei filosoficamente disposto, le idee filosofiche sono vitali in te e questo non richiede di avere un forte parere in una particolare teoria: un'idea filosofica forte non è un dogma su cui aggrapparsi. Al contrario, una convinzione filosofica fissa, come un prodotto finito, non è vitale. Dentro è vitale se provoca continuamente ed intriga, generando nuove intuizioni e riflessioni, acquisendo significati rinnovati e coinvolgimenti. Un'idea filosofica vitale è un seme di nuove e progressive comprensioni che coinvolgono i tuoi pensieri, perlomeno di volta in volta.

Il contemplativo filosofico è, perciò, qualcuno che tratta le idee filosofiche come una materia seria e le lascia risonare dentro tutta la propria esistenza. Egli non ha necessariamente una teoria sulla vita o un'opinione su questa o quell'altra tematica filosofica, ma è sintonizzato al pensare filosofico come ad una fontana interiore per dissetare la propria vita. La sua esistenza quotidiana vive un permanente dialogo interiore.

Anelito

Per essere un contemplativo filosofico si deve avere l'anelito di capire la vita e la realtà. Si deve essere cercatore, uno che scruta e discerne il senso e la verità, ed arrivare ad un autentico significato di realismo e profondità.

Anelare non è lo stesso che desiderare. Quando desideriamo – una torta, danaro, sesso – vogliamo usare l'oggetto solo per la nostra soddisfazione; vogliamo possederlo, portarlo a noi. Al contrario, anelare è dinamica in direzione opposta. E' uscire da noi stessi per andare verso la cosa che aneliamo: vogliamo darci non ricevere.

Anelare, secondo questo concetto, è probabilmente cosa piuttosto rara. Molta gente vuol essere felice, accumulare danaro o avere potere o notorietà, progredire, ma tutto questo non è anelare. Infatti, sono quasi agli antipodi anelare e desiderare.

Nell'anelare l'argomento centrale non è soddisfare i propri bisogni ma uscire fuori da te stesso l'oggetto che aneli. È come essere innamorato: il tuo cuore si rivolge all'amata. Proprio come il vero innamorato è pronto a sacrificare la felicità per amore dell'amata; una persona che anela non è concentrata su se stessa ma su chi anela.

Per essere un vero contemplativo tu devi essere chi anela. Il tuo anelito non ti deve tormentare incessantemente, ma deve essere nel retroterra della tua esistenza. Se pratichi esercizi contemplativi semplicemente perché vuoi fare qualcosa, o sentirti bene, o accrescere le tue abilità, non sei un autentico contemplativo. Contemplare è una pratica per uscire da se stesso, fuori dai propri bisogni, fuori dal proprio egotistico mondo.

Un contemplativo filosofico è dunque un cercatore. Tu sei un cercatore se ti senti al posto giusto quando indaghi, quando sei in cammino, non quando trovi una risposta. Questo vuol dire che stai cercando qualcosa differente da ciò che soddisfa tanta gente: un buon salario, un matrimonio stabile, ricchezze materiali, reputazione, potere, comodità.

Un cercatore è sempre in ricerca. Ricercare è il suo modo di essere, non una situazione provvisoria fino a che non trova ciò che vuole. Egli anela un più profondo modo di vivere, anela essere in contatto con la verità e la realtà, e non certi aneliti non verranno mai totalmente e definitivamente soddisfatti.

La disposizione contemplativa

Molte persone sono veramente interessate alla filosofia, ma non hanno inclinazione verso la contemplazione. Possono essere molto brave nel discutere su questioni fondamentali, magari affascinate dalle teorie sul mondo, ma mantengono sempre l'attitudine da pensatore accademico, da analista, che si approccia intellettualisticamente alla infinita molteplicità delle idee.

Non vi è niente di sbagliato in questo, ma non è l'attitudine autentica del contemplativo.

Un contemplativo ha l'abilità ed il talento di risonare con le idee, di coinvolgersi personalmente ed interiormente, non meramente di riflettere intorno ad esse, di parlare delle idee.

Questa non è l'atteggiamento corretto di relazionarsi con le idee. Non richiede solo intelligenza o un pensare logico, bensì attenzione all'interiorità, e con profonda sensibilità, molto vicino alla dimensione del poeta. Questo è il motivo per cui non è scontato che un bravo filosofo accademico possa essere un bravo contemplativo, o viceversa. Le due figure sono dentro stati mentali diversi che sviluppano abilità e sensibilità conseguentemente differenti. Tuttavia, le due figure possono non essere sempre agli antipodi, o addirittura in contrasto ed infatti, quando buone capacità analitiche si incontrano a buone attitudini contemplative, possono scaturire risultati poderosi.

Capitolo 10

TESTI PER LA CONTEMPLAZIONE

I seguenti testi filosofici sono due esempi adatti per la contemplazione. Sono condensati e non troppo lunghi, e si rapportano ad aspetti di vita quotidiana. Noto che sono stati ambedue leggermente modificate allo scopo di essere più leggibili.

Molti testi possono essere trovati sul "Philosofical Topics", una pagina del mio Agora website all'indirizzo: https://philopractice.org

Dalle "Meditazioni" di Marco Aurelio[19]

Marco Aurelio (121-180 d.C.) fu un filosofo ed un imperatore romano della scuola filosofia degli Stoici. Come Stoico egli enfatizzò l'importanza di mantenere la pace interiore, accettando nella quiete il destino, libero dal potere delle emozioni, ed entrando in armonia col cosmo.

I passaggi seguenti sono dal libro "Meditazioni" di Marco Aurelio che fu in realtà un diario personale dove scrisse le sue riflessioni. Quei passaggi ci dicono che la verità stessa, "la principale guida" o "Il demone" (qualche volta tradotto come "una sentenza educativa") – è la facoltà interiore della

---

19. Adattamento da Marcus Aurelius, *Meditations*, translated by George Long, Blackie & Son, London 1910.

persona. E' l'elemento interiore che segue la Ragione, che guarda la più ampia prospettiva sulle cose, pensa con calma, non disturbata dalle emozioni ed è libera dal sentimento di possesso. Quando seguiamo questa guida interiore, siamo autentici verso la nostra natura umana, siamo in armonia con il Logos che regola il Cosmo.

Dal LIBRO SECONDO:

9. *Devi sempre tenere in mente qual è la natura dell'intero cosmo, e qual è la propria natura personale, e come la prima si rapporta alla seconda, e che tipo di parte sono nel tutto. E non c'è nessuno che ti ferma nelle cose che fai e che dici, in sintonia con la natura del tutto, di cui sei parte.*

17. *Tutto ciò che appartiene al corpo è un fiume, e ciò che appartiene all'anima è un sogno e inanità, e la vita è una guerra e soggiorno in terra straniero, e dopo la fama arriva l'oblio. Cosa, quindi, può guidare una persona? Una ed una sola cosa: la filosofia. Ma questo consiste nel mantenere il demone che è dentro te, salvo ed inviolato, superiore alla pene ed ai piaceri, non fa niente per caso, senza falsità e ipocrisia, senza basarsi su quello che altri facciano o no facciano. In infine, attendendo la morte con la mente serena, accettandola come nient'altro che il*

dissolversi degli elementi di cui ciascun essere vivente è composto.

Dal LIBRO SETTIMO:

16. *Il principio guida non disturba se stesso; non spaventa se stesso o si causa sofferenza.* (…) *Il principio guida per se stesso non desidera niente, a meno di crearsi un desiderio Dunque, è immune da turbamenti e non è frenato da alcunché, salvo che disturba o si ferma da sé.*

28. *Ritirati in te stesso. Il principio razionale che ti guida è autosufficiente per sua natura quando fa ciò che è giusto, e così operando trova la quiete.*

Dal LIBRO OTTAVO:

43. *Cose diverse dilettano differenti persone. Ma è mio diletto mantenere sano il mio principio guida senza provare avversione per nessun essere umano e per nessuna cosa che può accadere alla gente, ma guarda ed accetta tutto con occhi benevoli, e usando tutto in sintonia col suo valore.*

48. *Ricorda che il principio guida è invincibile. Quando si raccoglie in sé è soddisfatto con se stesso di non fare ciò che non ha scelto di fare* (…) *Inoltre, la mente che è libera da passioni è una cittadella, perché una persona non ha nulla di più sicuro in cui possa rifugiarsi. Chi non ha visto*

questo è un ignorante, ma chi ha visto e non vi si rifugia è un infelice.

2. Da "L'oltre-anima" di Emerson[20]

Ralph Waldo Emerson (1803-1882) fu un filosofo americano, scrittore e poeta, e leader del Trascendentalismo, movimento filosofico e poetico del XIX secolo. I seguenti brani sono estratti dal suo saggio "The Over-Soul" (alcune espressioni leggermente semplificate). Per Emerson "l'oltre-anima" è una dimensione più alta di esistenza, sorgente di ispirazione, bontà, bellezza e saggezza.

L'uomo è un fiume la cui sorgente è nascosta. Il nostro essere scende in noi, sappiamo, da non qui. Il calcolatore più preciso non può prevedere che qualcosa di incalcolabile può non succedere nel momento successivo. Sono costretto ogni momento a riconoscere un'origine più alta degli eventi rispetto alla volontà che chiamo "mia".

Com'è con gli eventi, così è con i pensieri. Quando guardo quel fluente fiume che, fuori da questo territorio io non vedo, scorre per un po' dentro me, mi vedo un pensionato: non una causa, ma uno spettatore stupito da quest'acqua eterea; che io possa desiderare o cercare ed essere

---

20. Adattamento da Ralph Waldo Emerson, *Essays and English Trails*, Collier, New York, 137-139; in italiano: L'anima suprema, Ortica Editrice, Anzio-Lavinio (Rm) 2011.

ricettivo, ma da qualche energia aliena da cui viene la visione. (...)

Noi viviamo in successione, in divisione, in parti, in particelle. Nel frattempo, in ogni persona vi è l'anima del tutto, il saggio silenzio, la bellezza universale, in cui ogni parte e particella e equamente relazionata, l'uno eterno. E questo forza profonda in cui esistiamo, della quale bellezza è tutta accessibile per noi, non è solo autosufficiente e perfetta in ogni momento; inoltre, l'atto del vedere e la cosa vista, il profeta e lo spettacolo, il soggetto e l'oggetto, sono uno. (...)

Tutto ci dice che l'anima in una persona non è un organo, ma anima e muove tutti gli organi. Non è una funzione: come il potere della memoria, del calcolo, della comparazione, ma usa questi come mani e piedi. Non è una facoltà, ma una luce. Non è l'intelletto o la volontà, ma il maestro dell'intelletto e della volontà, la realtà fondante della dimensione in cui si trovano: un'immensità che non è posseduta e non può esserlo. Da dentro o dietro, una luce brilla attraverso noi sopra le cose e ci fa consapevoli di essere niente, ma la luce è tutto. Una persona è facciata del tempio dove abita tutta la saggezza ed il bene.